Friederike Heinzel
Der Morgenkreis

Pädagogische Fallanthologie

herausgegeben von
Andreas Gruschka
Sabine Reh
Andreas Wernet

Band 13

Friederike Heinzel

Der Morgenkreis

Klassenöffentlicher Unterricht
zwischen schulischen und
peerkulturellen Herausforderungen

Verlag Barbara Budrich
Opladen • Berlin • Toronto 2016

Bibliografische Information der Deutschen Nationalbibliothek
Die Deutsche Nationalbibliothek verzeichnet diese Publikation in der Deutschen
Nationalbibliografie; detaillierte bibliografische Daten sind im Internet über
http://dnb.d-nb.de abrufbar.

Für
Annedore Prengel
Erika und Fred Preßl

Gedruckt auf säurefreiem und alterungsbeständigem Papier.

ISBN   **978-3-8474-0762-1 (Paperback)**
eISBN   978-3-8474-0894-9 (eBook)

Umschlaggestaltung: disegno visuelle kommunikation, Wuppertal – www.disenjo.de
Satz: Susanne Albrecht, Leverkusen
Lektorat: Andrea Lassalle, Berlin
Druck: paper&tinta, Warschau
Printed in Europe

Inhalt

1 Einleitung

In vielen Grundschulklassen versammeln sich Kinder mit ihrer Lehrerin oder ihrem Lehrer zu verschiedenen Anlässen und Zeiten im Kreis. Der Kreis hat sich als Unterrichtsmethode neben Frontalunterricht, Gruppenarbeit, Partnerarbeit und Einzelarbeit in der Grundschule etabliert, wird aber nicht als eigene Sozialform betrachtet, obgleich die kreisförmige Anordnung der Teilnehmenden die Struktur der Beziehungen und Interaktionen im Unterricht in spezifischer Weise ordnet.

Wird jeden Morgen zu Beginn des Schultages eine Versammlung der Kinder im Kreis praktiziert, dann wird diese Unterrichtsform als Morgenkreis bezeichnet. Findet der Kreis zum Wochenbeginn statt, wird er meist Montagskreis genannt. Die Untersuchung des Morgenkreises erscheint aus folgenden Gründen interessant:

1. Im Morgenkreis findet Unterricht im Plenum statt, bei dem von Schülerinnen und Schülern initiierte Interaktionen eine größere Rolle spielen als im Frontalunterricht, für den das Frage-Antwort-Rückmeldemuster die „Normalform" darstellt. Es werden stärker an Symmetrie und Mitbestimmung orientierte Gespräche als im frontalen Klassenunterricht erwartet.

2. Die Kinder einer Schulklasse finden sich in der egalitären Anordnung des Kreises mit der Lehrerin oder dem Lehrer durch Blickkontakt miteinander verbunden. So können Aspekte der Peerkultur einen gewissen Spielraum im Unterricht gewinnen. Die siebenjährige Emma erläutert im Interview, dass sie im Kreis erzählen oder zeigen könne, was man sonst „so heimlich durchleiten" muss. Kreisgespräche werden von Kindern daher teilweise gar nicht als Unterricht empfunden. Sie seien noch gar nicht „normaler Unterricht", dieser beginne erst danach und dann werde es langweilig, erklärte die zwölfjährige Anke.

3. Kreisgespräche bilden eine abgegrenzte und gut zu beobachtende Bühne, auf der Kinder und Lehrpersonen im Rahmen der Institution zusammentreffen. Es wird die Kommunikation der Gleichaltrigen mit den Lehrer-Schüler-Interaktionen vernetzt und daher ein komplexes soziales Zusammenspiel von kommunikativer Interaktion und schulischen Strukturen,

Werten und Anforderungen begünstigt. Schulkinder handeln hier zwischen Anregungen aus ihrer Peerkultur und Unterrichtsanforderungen.

4. Der Gedanke der Verbundenheit und Geschlossenheit wird in der Figur des Kreises symbolisiert. Der Kreis ist nach außen geschlossen, wodurch ein Drinnen und ein Draußen entstehen. Da Symbole Repräsentationsformen des Sozialen sind, repräsentiert diese Versammlungsform ein – für jede Klasse jeweils emergentes – Modell und verpflichtet zugleich das Handeln der Beteiligten auf die damit verbundenen Wertmuster.

5. Da Kinder im Morgenkreis von ihrer außerschulischen Lebenswelt erzählen, gelegentlich Gegenstände aus dieser mitbringen und ihre Beziehungen zu Gleichaltrigen thematisieren können, verspricht der Morgenkreis, einen Beitrag zur Kindgemäßheit und Schülerpartizipation in der Grundschule zu leisten.

6. Mit dem Morgenkreis wird zu Beginn des Schultages eine Übergangssituation (Passage) gestaltet, die zwischen außerschulischer Lebenswelt und Schule zu vermitteln vermag.

7. Der Morgenkreis kann als grundschulpädagogisch strukturierter Kindheitsraum verstanden werden, der einen Blick auf die Dynamik von intergenerationalen und intragenerationalen Vermittlungsprozessen ermöglicht.

Das vorliegende Buch beruht auf Beobachtungen, die im Rahmen meiner unveröffentlichten Habilitationsschrift (Heinzel 2001) thematisiert wurden. Da bis heute kaum Publikationen zum Themenfeld „Morgenkreis" vorliegen, wurde ich motiviert, in der Reihe „Pädagogische Fallanthologie" eine Fallstudie zum Morgenkreis zu veröffentlichen.

Nach der Einleitung wird im zweiten Kapitel zunächst eine theoretische Einordnung vorgenommen und im dritten Kapitel der aktuelle Forschungsstand zu Kreisgesprächen und zum Morgenkreis in der Grundschule zusammengefasst. Im vierten Abschnitt folgt die Erläuterung des forschungsmethodischen Vorgehens, während im fünften Kapitel meine Beobachtungen der Morgenkreise in einer Grundschulklasse (im vierten Schulbesuchsjahr) an fünf aufeinanderfolgenden Tagen dargestellt und analysiert werden. Im sechsten Kapitel werden die Ergebnisse zusammengefasst und Strukturmerkmale der Interaktionen im Morgenkreis herausgearbeitet. Eine Schlussbemerkung rundet die Ausführungen ab.

Diese Fallstudie ist Annedore Prengel, Erika Preßl und Fred Preßl in Dankbarkeit gewidmet.

Meiner Tante Erika Preßl (gestorben am 26.11.2014) und meinem Onkel Fred Preßl für die besondere Fähigkeit, mit Kindern und Jugendlichen wertschätzend zu sprechen. Ich verdanke ihnen viel.

Annedore Prengel zum Geburtstag; sie hat mich als wissenschaftliche Lehrerin und Freundin seit mehr als 25 Jahren begleitet, in denen nicht nur der Kreis als demokratische Grundordnung in der Grundschule den Gegenstand zahlreicher erhellender Gespräche gebildet hat.

2 Der Morgenkreis – theoretische Aspekte

Der Morgenkreis dient in strukturfunktionaler Perspektive der Anpassung von Kindern an die Schule und ihrer sozialen Integration: Er soll als Übergangsritual im rhythmisierten Grundschulunterricht die Kinder für den Schultag bereit machen und sie vom außerschulischen Geschehen in das schulische Geschehen überführen.

Im symbolisch-interaktionistischen Verständnis sozialen Handelns dagegen wird Unterricht als soziale Situation verstanden, deren konkrete Alltagspraxis überhaupt erst durch Unterricht hergestellt wird. Dies bedeutet, dass in den polyadischen (auf mehrere Personen bezogene) Interaktionen im Morgenkreis auf sprachlicher und sinnlich-symbolischer Ebene sowohl in den intergenerationalen Lehrer-Schüler-Interaktionen als auch auf der Ebene der intragenerationalen Interaktionen der gleichaltrigen Schülerinnen und Schüler Sinn und gemeinsame, von allen/vielen geteilte Orientierung hervorgebracht wird. Aus diesem Grund soll für die folgenden Analysen die Vorstellung der aktiven Konstruktionstätigkeit in sozialen Interaktionszusammenhängen bildender Subjekte Vorrang erhalten (vgl. Berger & Luckmann 1969; Krappmann 1969; Lorenzer 1973; Grundmann 1999).

In der neueren sozialwissenschaftlichen Kindheitsforschung etablierte sich seit den 1980er Jahren das Konzept vom „Kind als sozialem Akteur". Vor diesem theoretischen Hintergrund finden Kinder nicht einfach eine ‚fertige' gesellschaftliche Wirklichkeit vor, an die sie sich anzupassen haben, sondern es wird angenommen, dass Kinder als soziale Akteure an der Hervorbringung dieser gesellschaftlichen Wirklichkeit aktiv beteiligt sind (vgl. James & Prout 1990). James und Prout (1990) knüpfen mit ihrer Konzeption vom „Kind als sozialem Akteur" an die Tradition der interpretativen Sozialforschung (Symbolischer Interaktionismus) an. Allerdings werden nicht – wie in der Sozialisationstheorie – die deterministischen Wirkungen der Sozialisationseinflüsse ins Zentrum gestellt, sondern angenommen, dass Kinder ihrem Handeln in konkreten Interaktionen Bedeutung verleihen. Um den Dualismus von *structure* und *agency* zu überwinden stellt die Praxistheorie von Giddens (1984) die Beziehung von Handeln und Strukturen heraus und betont, dass soziale Strukturen die Handlungsfähigkeit der Akteure nicht nur begrenzen, sondern Handeln zugleich auch ermöglichen, wobei die Akteure in und durch soziale Praktiken jene Bedingungen reproduzieren, die ihr Handeln ermöglichen. Dabei machen die Akteure von ihrem diskursiv verfügbaren Wissen über das eigene Handeln *in praxi* Gebrauch (Giddens 1984). Die Praktiken setzen wiederum Subjekte als ihre Träger voraus, womit sich also Praktiken und Subjekte gegenseitig konstituieren, indem Subjekte Praktiken im Tun erwerben, die sie als Subjekte erst (an-)erkennbar machen (vgl. Alkemeyer 2013).

Ein weiteres theoretisches Modell der Kindheitsforschung stellt das Konzept der generationalen Ordnung dar (vgl. Alanen & Mayall 2001; Alanen 2005). Demnach handelt es sich bei der Unterscheidung der Gesellschaftsmitglieder nach Alter um eine gesellschaftliche Konstruktion und nicht um eine „natürliche Ordnung" und zudem um eines der zentralen Strukturmerkmale moderner Gesellschaften (Alanen 2005; Mierendorff 2010). Lena Alanen bezeichnet den permanenten Prozess der Herstellung von Kindheit im Kontext einer generationalen Ordnung als „generationing" (Alanen 2005, 79). Helga Kelle spricht von der Differenzierung von Generation als soziale Praxis, also von „doing generation" (Kelle 2005). In der sozialwissenschaftlichen Kindheitsforschung, die das Konzept einer generationalen Ordnung zugrunde legt, sollen folgerichtig die Praktiken der Unterscheidung zwischen Kindern und Erwachsenen und die soziale Organisation von Wissen (vgl. Alanen 2005; Bühler-Niederberger 2011; Kelle 2005) herausgearbeitet werden.

Neben kindheitstheoretischen Konzepten werden die Sichtweisen auf den später präsentierten Fall des Morgenkreises auch durch grundschultheoretische Überlegungen geleitet. Die Grundschule beansprucht, dem Kind und der Gesellschaft verpflichtet zu sein. Sie versteht sich einerseits als „Schule der Demokratie", möchte alle Kinder gesellschaftlich integrieren und zur Beseitigung herkunftsbedingter Bildungsbenachteiligung beitragen. Andererseits gelten ein „kindgemäßer Unterricht" und die „Orientierung am Kind" als wesentliche grundschulpädagogische Prinzipien, wobei die Konkretisierung des Anspruchs der Kindgemäßheit verschiedene Ausprägungen erfahren hat und seine inhaltliche Bestimmung jeweils eng mit der Bedeutung zusammenhängt, die Kindern in der Gesellschaft zugeschrieben wurde (vgl. Fölling-Albers 1994; Faust-Siehl 1994; Götz 2008). Der Anspruch der Grundschule, Individualisierung und Vergesellschaftung gleichzeitig anzustreben, erscheint widersinnig, doch lässt sich dieser Widerspruch bearbeiten, wenn Kinder nicht länger als (entwicklungspsychologisch) Werdende, sondern als Akteure in der generationalen Ordnung der Schule verstanden werden (vgl. Heinzel 2011).

Die Nutzung der Versammlungsform des Kreises wird in grundschulpädagogischen Veröffentlichungen häufig empfohlen, um zwischen individuellen Bedürfnissen und gesellschaftlicher Funktion der Grundschule zu vermitteln. Nach Prengel und van der Voort (1996) ist der Kreis als „eine Grundordnung der demokratisch orientierten pädagogischen Gruppe" (Prengel & van der Voort 1996, 305) zu verstehen. Werde der Kreis als

Freiraum für die Mitteilungen der Kinder genutzt, so erlaube er „ein gleichberechtigtes Miteinander der Verschiedenen" und sei besonders geeignet, „Ordnungen der Kinder und die Ordnung der Schule aufeinander zu beziehen" (Prengel 1999, 104).

Weitere theoretische Bezüge, die in der Form offener, sensibilisierender Konzepte als „Linse" oder „Brille" (Kelle & Kluge 1999, 29) bei der Analyse der Kreisgespräche wirksam wurden, waren das Bühnenkonzept (Goffman 1969, 1971), neuere ritualtheoretische Ansätze (Wulf 2005) und der Ansatz der schulischen Partizipation.

Goffman (1969) konzipiert die soziale Welt heuristisch als „Bühne": Er beobachtet, wie Menschen sich selbst und ihre Tätigkeit darstellen, wie sie den Eindruck lenken, den sie auf andere machen, wie sie Einfluss darauf nehmen, was getan wird, werden darf und was nicht, um sich mit der eigenen Selbstdarstellung zu behaupten. Der Morgenkreis als spezifische Form des klassenöffentlichen Unterrichts kann in diesem Sinne ebenso als eine Bühne betrachtet werden. Goffman untersucht z. B. Techniken der Imagepflege und Imagebildung und beschreibt „rituelle Rollen" des Selbst. Er betont, dass Gesellschaften ihre Mitglieder zumeist mit den Mitteln unterschiedlicher Rituale dazu bringen, selbstreguliert an sozialen Begegnungen teilzunehmen (Goffman 1971, 52).

Neuere Ritualtheorien betonen die gemeinschaftsbildende Funktion und zudem die Performance von Ritualen (vgl. Wulf 2005). Dabei wird davon ausgegangen, dass sich Prozesse der performativen Herstellung, Aushandlung und Bestätigung von Gemeinschaften am ehesten in Phasen des Übergangs (zwischen sozialen oder zeitlichen Räumen) beobachten lassen (Göhlich & Wagner-Willi 2001, 119). Auch der Morgenkreis wird in diesem Zusammenhang als Ritual verstanden und unter der „Perspektive der Aufführung" untersucht (vgl. Mori 2010, ausführlicher in Teil 3).

Auch der Ansatz der Partizipation ist für die Fallstudie von Bedeutung. Als „Partizipation" gelten Handlungen, „die Bürger einzeln oder in Gruppen freiwillig mit dem Ziel vornehmen, Entscheidungen auf verschiedenen Ebenen des politischen Systems (...) zu beeinflussen und/oder selbst zu treffen" (Kaase 2000, 466). Der positiv bewertete Begriff „Partizipation" wird häufig eng mit Demokratisierung verbunden. In der Grundschule finden sich 1. formale repräsentative Formen wie Klassensprecher und Schülervertretung, 2. offene Formen, z. B. Klassenräte, Schüler- oder Kinderparlamente oder Kreisgespräche wie der Morgenkreis und 3. projektorientierte und zeitlich begrenzte Formen, z. B. Zukunftswerkstätten und Schülerinitiativen.

Im Schulkontext zielt Partizipation auf die Entwicklung demokratischen Verhaltens und Handelns sowie auf die Beteiligung von Schülerinnen und Schülern bei schulischen Ereignissen und Entscheidungsprozessen. Am Ansatz der Partizipation in der Schule wird kritisiert, dass er ohne Beachtung der interaktiven Bedingungen für Partizipation zu einem „didaktischen Trick" verkomme, „der Schulfrust verhindern und die Stabilität von Schule sichern soll" (Böhme & Kramer 2001, 178).

Nach der Skizzierung relevanter theoretischer Bezüge der Fallstudie wird im Folgenden der der Forschungsstand zu Kreisgesprächen in der Grundschule dargestellt.

3 Forschungsstand zu Kreisgesprächen in der Grundschule

Der Morgenkreis gilt in empfehlenden pädagogischen Texten als Gegenge-
wicht und Baustein des individualisierenden Grundschulunterrichts zur Förderung der Klassengemeinschaft. Außerdem dient er als Einstiegsritual in den
Schultag und als Möglichkeit, demokratische Lernprozesse zu vollziehen
(z. B. Wallrabenstein 1991; Garlichs 1991; Röbe & Walcher 1992; Schwarz
1994; Faust-Siehl u.a. 1996; de Boer 2009; Kaiser 2012). Auch wird die Förderung der kommunikativen Fähigkeiten durch die Kreisgespräche betont
(z. B. Ritz-Fröhlich 1992, 63ff.; Schubert & Friedrichs 2012). Hieronymus
(1996) stellt Praxisbeispiele für den Morgenkreis als Unterrichtstechnik in
der Religionspädagogik zur Verfügung.

Im Vergleich zur Menge der Praxisempfehlungen zum Morgenkreis findet sich eine eher geringe Zahl an empirischen Untersuchungen. Diese sind
vor allem erforderlich, um die pädagogischen Absichten mit der pädagogischen zu Praxis konfrontieren und damit auch mit den nicht intendierten Ef-
fekten pädagogischen Handelns.

Frühe Untersuchungen zum Kreisgespräch wurden mit den Methoden der
pädagogischen Tatsachenforschung an der Jenaer-Universitätsschule durchgeführt, die von 1923 bis 1950 von Peter Petersen geleitet wurde (Opitz
1935; Puljevitsch 1937; Roeder 1967).

Ilse Opitz (1935) erforschte das Verhalten der Schulneulinge in der
Kreis-Situation an der Jenaer Universitätsschule.[1] Opitz bezieht sich auf die
systematische Beobachtung von neun Kindern (sechs Jungen und drei Mädchen) des ersten Schuljahres durch Studentinnen und Studenten im Rahmen
eines Schulpraktikums an der Versuchs- und Übungsschule der Universität
Jena im Winter-Semester 1931/32. Die Studierenden hielten das Verhalten
des ihnen zugewiesenen Kindes in exakten Minutenprotokollen fest. Die Un-

---

1   An der Universitätsschule in Jena wurde der „Jenaplan" von Peter Petersen entwickelt und
praktiziert. Der Kreis gilt neben Spiel, Arbeit und Feier als eine der vier Grundformen der
Erziehung im Jenaplan (Petersen 1937). Er wurde für fachliche Unterrichtsgespräche und
die freie Aussprache genutzt. Peter Petersen ist wegen seiner Nähe zum Nationalsozialismus umstritten; der Jenaplan hingegen ist als reformpädagogisches Konzept (besonders in
Holland, aber auch an deutschen Schulen) bis heute verbreitet.

tersuchung von Opitz ergab, dass an der Jenaer Universitätsschule das Erzählen, Vorlesen und Spielen in den Kreissituationen vorrangig war. Im Montagskreis standen die Auswertung der Morgenfeier und Berichte vom Wochenende im Zentrum.

Zorka Puljevitsch (1937) verglich das Verhalten von Schulneulingen in verschiedenen pädagogischen Situationen, dem Gruppenunterricht, der freien Arbeit und dem Kreis. Ihre Arbeit beruht auf denselben Beobachtungsprotokollen wie die von Opitz. Puljevitsch wertet die Beobachtungsprotokolle vergleichend aus, bezogen auf den Gruppenunterricht, das freie Arbeiten und den Kreis. Ihr Forschungsinteresse richtete sich auf die Körperbewegungen von Kindern sowie die nicht zum Unterricht gehörende Betätigung. Sie kommt zu folgendem Ergebnis: Die Minutenanzahl, in der Körperbewegungen auftraten, war im Kreis am höchsten (80,7 %) und nahm über den Gruppenunterricht (41,8 %) und das freie Arbeiten (36,1 %) beträchtlich ab (Puljevitsch 1937, 21). Von den gezählten Reflexen im Kreis entfielen 80,9 % auf das Gähnen, deutlich mehr als im Gruppenunterricht und in der freien Arbeit. Im Kreis war auch die Anzahl der Nebenbetätigungen am höchsten, z. B. das Spielen an der Kleidung. Puljevitsch führt diese Ergebnisse auf die Tatsache zurück, dass das Verhalten der Schulneulinge im Kreis überwiegend passiv und aufnehmend sei.

Irmgard Roeder (1967) befasste sich mit „Führungsfragen" in der Pädagogischen Situation des Kreises. Ihre Arbeit wurde erst 30 Jahre nach der Erhebungsphase veröffentlicht. Es werden Beispiele aus der Praxis und insbesondere die erzieherische Tätigkeit der Lehrerin beschrieben. Die Arbeit beruht auf von der Autorin angefertigten Beobachtungsprotokollen, die im Juni/ Juli 1936 in der Untergruppe der Jenaer Universitätsschule angefertigt wurden. Roeder protokollierte im Montagskreis, Donnerstagskreis und Freitagskreis. Ihre Beobachtungen führen Roeder zu folgenden Ergebnissen und Empfehlungen: Es müssten in erster Linie die Kinder sein, die den Kreis inhaltlich gestalten. Die Lehrerin müsse „ein feines und aufmerksames Gehör" (Roeder 1967, 21) haben, um die Ansprüche der Kinder aufgreifen zu können, dürfe aber nicht jede Anregung der Kinder als Gesprächsgegenstand aufnehmen. Es sei nicht ihre Sache, Stoffe in den Kreis zu tragen, sondern ihre Aufgabe bestehe darin „die besten äußeren Bedingungen (zu) schaffen" (Roeder 1967, 22).

Charlotte Röhner (1998) untersuchte Morgenkreisprotokolle unter geschlechtsspezifischen Aspekten. Den Morgenkreis sieht sie als Ort sozialer Kommunikation und Spiegel kindlicher Lebenswelten. Vor diesem Hintergrund analysierte sie 126 von Kindern geschriebene Kreis-protokolle in der Reformschule Kassel aus einer Gruppe der jahrgangsübergreifenden Stufe 1 und stellte fest, dass das Zeigen von mitgebrachten Gegenständen im Morgenkreis einen besonders großen Stellenwert hatte, gefolgt von den Berichten über Besuche (Röhner 1998, 44f.). Beim Zeigen im Morgenkreis konnte eine geschlechtsspezifische Interessenausprägung beobachtet werden (Röhner 1998, 45). Auch beim Thema „Besuchen" werden nach Röhner geschlechtstypische Aspekte sichtbar, weil sich hier erweise, dass gleichgeschlechtliche Beziehungen bevorzugt werden (Röhner 1998, 47).

Thies und Röhner (2000) analysierten zudem transkribierte Gesprächsprotokolle einer Grundschule im Hinblick auf das Kommunikationsverhalten von Jungen und Mädchen. Die Autorinnen stellten Geschlechterunterschiede im sozialen Verhalten fest. Die Jungen nähmen sich – so ein Ergebnis der Analyse – mehr Zeit und Raum im Morgenkreis als die Mädchen. Gleichzeitig seien sie aber weniger interessiert am Morgenkreisgeschehen. Die größere Selbstdisziplin und Kooperation der Mädchen werde aber nicht durch Anerkennung durch die Lehrerin honoriert.

Die Studie von Ernst Purmann (2001) zum Morgenkreis an der Grundschule Vollmarshausen zielt auf die Handlungs- und Kommunikationspotentiale für Kinder in einer altersgemischten Gruppe am Schulanfang. Die in den acht Beobachtungswochen entstandenen und videobasiert erarbeiteten Protokolle wurden quantitativ und qualitativ ausgewertet. In den Protokollen zeigte sich eine sehr unterschiedliche Beteiligung; sowohl bei Mädchen als auch bei Jungen gab es sehr aktive und eher passive Kinder (Purmann 2001, 147). Die Schulanfänger/innen fanden sich im Rahmen der Jahrgangsmischung schnell in die Abläufe des Morgenkreises ein und die Anzahl ihrer Beiträge stieg während der ersten Wochen (Purmann 2001, 148). Alle Kinder meldeten sich in weit höherem Maße, als sie berücksichtigt werden konnten (Purmann 2001, 143ff.). Die meisten Beiträge entfielen auf das Erzählen, fast ein Drittel auf das „Zeigen und Vorführen" (Purmann 2001, 162). Inhaltlich standen Beiträge zu den Themen „Familie", „Körper", „Natur", „Spielsachen" und „Schule" im Vordergrund, wobei die Äußerungen zur Schule sich nicht auf den Unterricht bezogen, sondern auf den Schulweg oder die Schulsachen (Purmann 2001, 164f.). Purmann bilanziert angesichts der Themen im Morgenkreis, dass hier „die aufregende Unaufgeregtheit des Üblichen" mitschwinge und „das Alltägliche zum Bedeutsamen" werde (Purmann 2001, 174). Die Leitung des Morgenkreises stelle sich für die Kinder als anspruchsvoll und belastend heraus, wobei die Größeren die Kleineren unterstützten (Purmann 2001, 209f.). Die Rolle der Lehrperson wird als ambivalent dargestellt, da sie einerseits Verantwortliche ist und andererseits zur Teilnehmerin werde. Der Morgenkreis werde auch zum „Spiegelbild der Lehrerin" (Purmann 2001, 231). Ob er sich nämlich zum Forum der Kinder entwickeln könne, hänge entscheidend von den Wünschen, Neigungen und Fähigkeiten der Lehrerin ab. An vier Kinderportraits wird zudem gezeigt, dass die Kinder – auf dem Hintergrund ihrer persönlichen Lebensgeschichte – den Morgenkreis individuell nutzen und erleben (Purmann 2001, 232ff.). In der abschließenden Betrachtung wird betont, dass durch den Morgenkreis „eine Brücke" zwischen Zuhause und Schule geschaffen werde (Purmann 2001, 272). Der untersuchte Morgenkreis fördere das soziale Lernen und lasse die Hoffnung gerechtfertigt erscheinen, dass er „auch jenen Kindern ein elaboriertes Gesprächs- und Sozialverhalten ermöglicht, die dafür von zu Hause ungünstige Voraussetzungen mitbringen" (Purmann 2001, 273).

Auch zur Verbreitung von Kreisgesprächen in der Grundschule liegen Forschungsergebnisse vor (Heinzel 2001). Eine bundesweite Befragung von Grundschullehrerinnen und Grundschullehrern (N=604) ergab, dass Kreisgespräche von 89,6 % der Grundschullehrerkräfte arrangiert werden (Heinzel 2001, 106). 40,7 % versammelten sich täglich, teilweise sogar mehrmals am Tag mit ihren Schülerinnen und Schülern in der Kreisform zum Gespräch (ebd. S. 110f). Der Montag(morgen)kreis und der Morgenkreis sind die beliebtesten Varianten des Kreisgesprächs (65,4 %) (Heinzel 2001, 114f.).

Beinahe alle Lehrpersonen (97 %), die Kreisgespräche nutzten, bewerteten sie insgesamt sehr positiv. Als besonders bedeutsam wurde der Bereich der Förderung von kommunikativen Kompetenzen und Gemeinschaftsfähigkeit eingeschätzt (Heinzel 2001, 127; Heinzel 2004).

In den Kreisgesprächen standen nach Auskunft der Befragten vor allem die Erlebnisse und Beziehungen der Kinder im Mittelpunkt. Außerdem wurden gemeinsame Vorhaben geplant, Geschichten erzählt, Mitgebrachtes präsentiert, über Sorgen und Probleme gesprochen oder vorgelesen. Es ließen sich typische Themen der Kinder im Kreis ausmachen: Erlebnisse und Beziehungen in den Handlungsbereichen Familie, Freundschaften, Tiere, Körper, Spiel, Freizeit und Medien (Heinzel 2001, 122).

Als typischer Ablauf eines Morgenkreises konnten auf der Basis der erfragten Ablaufbeschreibungen und zusätzlicher teilnehmender Beobachtung in 23 Grundschulklassen fünf Phasen ausgemacht werden, die aber nicht immer alle durchlaufen werden und auch nicht immer in der folgenden Reihenfolge vorkommen müssen (vgl. Heinzel 2001, 2004):

1. Begrüßungsphase (mit Begrüßungsritual, z. B. ein Lied, Feststellen der Anwesenheit, Festhalten des Datums, Bestimmung von Verantwortlichen für Aufgaben oder Dienste; Begrüßungsphase wird häufig von Kindern geleitet, die Morgenkreispräsident oder -präsidentin genannt werden)
2. Phase für Aktuelles (z. B. Geburtstagsfeiern, Besprechung von Problemen oder Konflikten, Beratung über Ausflüge oder andere anstehende Planungen)
3. Erzählphase (z. B. Berichte von Erlebnissen am Wochenende oder Vortag, Zeigen von Mitgebrachtem, Erzählungen zu einem vereinbarten Thema, Erzählen von Geschichten, Märchen, Witzen)
4. Arbeitsphase (z. B. Vorstellung von Aufgaben oder Materialien, Unterrichtsgespräche, Präsentation von Arbeitsergebnissen, Vorträge, Vorführungen)
5. Schlussritual (z. B. Lied, stummer Gruß, vorlesen)

Für den Ablauf finden sich in der Praxis vielfältige Gestaltungsvarianten: zwischen dominanter und demokratischer Moderation und lehrer- oder schülerzentrierter Interaktion (Heinzel 2001, 148f.). Der Morgenkreis dient zur Gestaltung des Übergangs zwischen außerschulischem Kinderleben und Schule sowie zur Integration in die Schule. Drei Grundorientierungen der Lehrpersonen konnten bei den Beobachtungen von Morgenkreisen rekonstruiert werden, eine partizipative Orientierung, eine unterrichtszentrierte Orientierung und eine erfahrungsbezogene Orientierung (Heinzel 2001, 170ff.; Heinzel 2003). Für das Handeln der Kinder im Morgenkreis erwies sich das Spannungsfeld zwischen schulischen und peerkulturellen Anforderungen als besondere Herausforderung (Heinzel 2001, 341ff.).

Midori Mori (2010) untersuchte das Ritual des Morgentreffens und Montagskreises in der japanischen und deutschen Grundschule. In ihrer vergleichenden empirischen Analyse ordnet sie das Morgentreffen und den Montagskreis als alltägliche und habituelle Mikro-Übergangsrituale ein. Sie richtet ihre Aufmerksamkeit „auf die Aufführungsart, die Performance des Rituals" (Mori 2010, 45) und untersucht, wie das Ritual aufgeführt wird und welche Rolle die Requisiten bei der Gemeinschaftsbildung spielen. Sie zeigt, dass die Aufführung des Montagskreises an den beiden Berliner Grundschulen sowie das Morgentreffen an einer Schule in Kioto dazu beitragen, die Gemeinschaftszugehörigkeit der Kinder in der Klasse am Anfang des Tages oder der Woche immer wieder zu erneuern. Der Übergang im Morgenkreis verlaufe aber nicht linear vom Familienkind zum Schulkind, sondern als ein Übergang in eine vielschichtige Gemeinschaft, in der unterschiedliche Mitgliedschaften gleichzeitig möglich sind (Lehrer-Anhänger, Peer-Group, Jungen- oder Mädchengruppen, Spielgemeinschaften). Es wird herausgearbeitet, dass im Montagskreis und im Morgentreffen auch Rollendistanz inszeniert werden kann und durch die Kontrolle der Requisiten (z. B. Erzählball) unterschiedliche Selbstdarstellungen möglich sind. Dennoch wird deutlich, dass beim Morgentreffen oder Morgenkreis „eine einzige gültige Situations-Definition" (Mori 2010, 129) aufrechterhalten werden muss, nämlich in der Schule bzw. im Unterricht zu sein und die Lehrperson als Autorität anzuerkennen.

Die Forschungsergebnisse zum Morgenkreis und Montagmorgenkreis sollen noch ergänzt werden durch die Befunde von drei weiteren empirischen Untersuchungen zum Klassenrat in der Grundschule, der ebenfalls als klassenöffentlichen Versammlung im Kreis realisiert wird und als ein wesentlicher Bestandteil einer demokratiepädagogischen Praxis an Schulen gilt (vgl. Edelstein 2008).[2] Während im Morgenkreis das Aushandeln nur eine Facette des Geschehens darstellt, steht es im Klassenrat im Zentrum. Im Klassenrat geht es

---

2   Eine weitere empirische Untersuchung zum Klassenrat wurde von Birte Friedrichs (2004) für die Sekundarstufe 1 vorgelegt. Sie untersuchte den Klassenrat als pädagogisches Ritual in der 6. und 7. Klasse an der Offenen Schule Waldau.

um Konflikte unter Schülerinnen und Schülern, die Planung und Gestaltung des Schulalltags und die Rückmeldung an den Lehrer oder die Lehrerin.

Kiper (1997) untersuchte den Klassenrat als Instrument zur Selbst- und Mitbestimmung in der Grundschule. Sie analysiert Filme und Transkriptionen zu sieben aufeinanderfolgenden Klassenratssitzungen, die zum Ende eines vierten Schuljahres aufgenommen wurden. Kiper stellt fest, dass Partizipation der Kinder möglich sei, wenn die Lehrkraft Macht abgeben und Verantwortung mit den Kindern teilen könne. Das Maß an Schüler-Partizipation hänge davon ab, wie viel „soziale Reversibilität" die Lehrperson zulassen kann. Bei hohem Gesprächsanteil der Lehrperson findet sie Verweigerungsformen einzelner Kinder und konstatiert, dass dann die Selbst- und Mitbestimmungsmöglichkeiten der Schüler und Schülerinnen sinken (Kiper 1997, 247).

Heike de Boer (2006) ging in ihrer ethnografischen Studie der Frage nach, was der Klassenrat für die Akteure bedeutet, und untersuchte die interaktive Praxis in einer Grundschulklasse über drei Schuljahre hinweg. Sie zeigt, dass durch die Lehrkraft dominierte, asymmetrische Interaktionen mit ihren Zugzwängen langfristig zu Handlungsroutinen in Form verfestigter Bewältigungsstrategien und damit zur Abnahme der Interaktion führen (de Boer 2006, 202). Werde der Klassenrat von Kindern geleitet, sei die Etablierung kollektiver Argumentationen und interaktional dichter, argumentationsreicher Gespräche möglich, in denen ein Ringen um Reziprozität und Egalität festzustellen sei (de Boer 2006, 203ff.). Ein Kompetenzzuwachs bei den Schülerinnen und Schülern im Bereich der sozialen und sprachlichen Lernprozesse konnte beobachtet werden, der die kommunikativen Aushandlungen mit den Peers ermöglicht (de Boer 2006, 219). Ferner werde im Prozess der interaktiven Gestaltung des Klassenrates die generationale Ordnung interaktiv hervorgebracht (de Boer 2006, 221).

Als zentrales Problem erwies sich, dass die Kinder zwar als Personen mit Gefühlen, Erwartungen und Interessen angesprochen wurden, aber gleichzeitig erleben mussten, beurteilt und in Frage gestellt zu werden. Die Lehrperson produzierte einerseits Handlungsspielräume und repräsentierte andererseits die schulische Ordnung und die Generation der Erwachsenen, weshalb unsicher sei, ob und wann sie eingreift (de Boer 2006, 205). Die Kinder müssten einen „öffentlicher Balanceakt" bewältigen „zwischen Erfüllung der schulischen Erwartung, regelgeleitet Konflikte zu besprechen, und in der kritischen Klassenöffentlichkeit bei überangepasstem Verhalten mit stigmatisierenden Äußerungen bestraft zu werden" (de Boer 2006, 207). Das schulisch gewünschte Handlungsmuster der öffentlichen Konfliktklärung wurde von dem Interesse der Schülerinnen und Schüler bestimmt, ein konsistentes Image darzustellen, und führte dazu, „dass die auf konstruktive Lösungen hinzielenden Klassenratsschritte im praktischen Vollzug einen instrumentell wirkenden Charakter erhielten und für individuelle Profilierungen benutzt wurden" (de Boer 2006, 208).

Als attraktiv für die Schülerinnen und Schüler erwiesen sich die Ausübung des Präsidentenamts und die gemeinsame Besprechung von Fragen des Schulalltags (de Boer 2006, 208). Indessen wollten sie den Klassenrat nicht zum Ort persönlicher Eingeständnisse machen und die Differenz zwischen den Erwartungen der Gleichaltrigen und denen der Schule nicht aufheben (de Boer 2006, 207). Sie schützten sich gegen eine Funktionalisierung privater Themen als Unterrichtsgegenstand (de Boer 2006, 219). De Boer bilanziert kritisch, dass die Auseinandersetzungen der Schüler/innen im Klassenrat „von der Macht der Institution gerahmt" (de Boer 2006, 218) seien und die Gefahr einer „verordneten oder instrumentellen Autonomie, die zur Reduzierung der schulischen Partizipationsvorstellungen auf die Erfüllung schulischer Handlungsaufgaben führt" bestehe (de Boer 2006, 216).

Die dritte Studie zum Klassenrat in der Grundschule, die vorgestellt werden soll, widmet sich diesem aus einer wissenssoziologischen Perspektive. Angela Bauer (2013) führte Gruppendiskussionen mit Kindern einer dritten Klasse zur Bedeutung des Klassenrats durch und wertete diese mit der Dokumentarischen Methode aus. Sie beobachtete also keine Klassenratspraxis, sondern ließ verschiedene Gruppen von Schülerinnen und Schülern einer Klasse über ihre Erlebnisse im Klassenrat diskutieren lassen. Zudem wurde eine Gruppendiskussion mit Lehrkräften der Untersuchungsschule zum Klassenrat in die Analysen einbezogen.

Das Ziel der Studie bestand darin, das der Klassenratspraxis zugrunde liegende Handlungswissen und das kollektive Wissen der Akteure zu rekonstruieren. Die Untersuchung verdeutlicht, wie der gemeinsame Erfahrungsraum des Klassenrates von den Schulkindern und den Lehrpersonen in jeweils unterschiedlichen Diskursargumentationen und Orientierungsrahmen beschrieben wird.

Dabei zeigt sich, dass die Klassenratspraxis auf Seiten der Kinder durch drei unterschiedliche Formen der Bewältigung der Selbstorganisation bei gleichzeitiger Bewältigung der Doppelrolle als Peer und Schüler bzw. Schülerin gekennzeichnet ist:

1. Repräsentation und Verinnerlichung der Regeln durch die „Bürokraten",
2. peerkulturelle Umdeutung der Regeln durch die „heimlichen Opponenten",
3. Suche nach idealen, gerechten Regeln durch die „machtlosen Idealisten" (Bauer 2013, 255).

In diesen unterschiedlichen Bewältigungsformen spiegeln sich nach Bauer die unterschiedlichen Voraussetzungen, Autonomiepotentiale und Bedürfnisse wieder (Bauer 265, 263). Auch in Bezug auf das Lehrerhandeln konnten unterschiedliche Formen der Rahmung, entsprechend der differenzierten Bearbeitungsweisen des Klassenrates, rekonstruiert werden (Bauer 2013, 265). In den Erzählungen der Lehrerin dokumentiere sich wiederum das spannungsvolle Erleben ihrer unbestimmten Rolle im Klassenrat (Bauer 2013, 268). Zudem wird deutlich, dass die Lehrkräfte das Verfahren des Klassenrates im Zusammenhang der sozialen Entwicklung diskutieren und ihn deshalb zur Konfliktlösung nutzen, womit peerkulturelle Themen in einen pädagogischen Rahmen gestellt werden (Bauer 2013, 272).

Insgesamt ist festzustellen, dass die Interaktionen im klassenöffentlichen Frontalunterricht häufiger zum Gegenstand empirischer Forschung erhoben wurden (Mehan 1979; Ehlich & Rehbein 1986; Richert 2005; Becker-Mrotzek & Vogt 2009; Pauli 2010; Wenzl 2014) als die Interaktionen in klassenöffentlichen Kreisgesprächen. Für den frontalen Unterricht wurde die dreiteilige Sequenz „Initiation-Reply-Evaluation" (Mehan 1979) als kennzeichnend herausgearbeitet[3], die sich in allen Klassenstufen in allen Fächern und unterschiedlichen Ländern als grundlegende Verhaltensform oder Normalform des Unterrichts beobachten lässt (Mehan 1979; Gage & Berliner 1996; Wenzl 2014). Die meisten Forschungsarbeiten zur Lehrer-Schüler-Interaktion richten zudem stärker den Blick auf die Lehrperson und befassen sich weniger mit den Handlungsanforderungen und Handlungsentscheidungen der Schülerinnen und Schüler (Naujok, Brandt & Krummheuer 2008, 782f.).

Die vorliegenden Forschungsergebnisse zum Morgenkreis und Klassenrat in der Grundschule machen darauf aufmerksam, dass es für die Lehrpersonen eine Herausforderung darstellt, ihre eigenen Gesprächsanteile zu reduzieren und Leitungsaufgaben abzugeben. Die damit verbundene Unbestimmtheit der Lehrerrolle wird als ambivalent und spannungsvoll erlebt. Die wichtigsten Gründe der Lehrerinnen und Lehrer, Kreisgespräche in der Grundschule trotzdem durchzuführen und zu befürworten, liegen in der Förderung der sozialen und sprachlichen Fähigkeiten der Kinder, in der Stärkung des Gemeinschaftsgefühls und in der Wahrnehmung der Sichtweisen der Kinder (Heinzel 2001, 132). Die Analysen von Mori zeigen, wie die Aufführung des Übergangsrituals in der Form des Morgenkreises oder Morgentreffens dazu beitragen, das Gemeinschaftsgefühl täglich zu erneuern. Beim Klassenrat ist zudem die Konfliktklärung ein zentrales Motiv (de Boer 2006; Bauer 2013). In den Kreisgesprächen werden von den meisten Lehrkräften also weniger fachdidaktische als allgemeindidaktische Ziele verfolgt.

Den Schülerinnen und Schülern wird im Morgenkreis eine breite Palette an Tätigkeiten angeboten: z. B. erzählen, berichten, zeigen, vorführen, vorlesen, präsentieren, klären, leiten, aushandeln, fragen, antworten, loben, kritisieren, spielen oder singen. Je nach Konzept der Lehrkraft erhalten diese Tätigkeiten unterschiedlich viel Raum.

Die Schülerinnen und Schüler scheinen das Kreisgeschehen unterschiedlich zu erleben und zu nutzen. In der vielschichtigen Gemeinschaft der Schulklasse sind unterschiedliche Mitgliedschaften möglich, die im Kreis

---

3   Das Interaktionsmuster „Initiation-Reply-Evaluation" (IRE) wird in der deutschen Diskussion auch „Frage-Antwort-Rückmeldemuster" (FAR) genannt.

aufgeführt werden. Zudem werden auch die schulischen Anforderungen der Selbstorganisation im Gesprächskreis und die Doppelrolle als Peer und Schüler bzw. Schülerin unterschiedlich bewältigt.

Die Versammlung der Klasse im Kreis scheint Raum für Passivität und Langeweile zu bieten, aber auch für Aktivität und Geselligkeit. Die Schülerinnen und Schüler werden vor die Herausforderung gestellt, in der Klassenöffentlichkeit des Morgenkreises und Klassenrats im Spannungsfeld zwischen schulischen und peerkulturellen Herausforderungen zu bestehen. Einerseits müssen sie die Regeln im Kreis einhalten, die je nach Klasse und Lehrperson unterschiedlich sind, und andererseits müssen sie sich vor dem kritischen Blick ihrer Mitschülerinnen und Mitschüler bewähren.

In der im Folgenden dargestellten Fallstudie wird gezeigt, wie dieser Balanceakt bewältigt wird. Zunächst wird jedoch das forschungsmethodische Vorgehen skizziert.

4 Methodisches Vorgehen

Die von mir erarbeitete Fallstudie folgt einer ethnografischen Forschungsstrategie und wird zudem von den Prinzipien der interpretativen Unterrichtsforschung geleitet. Ethnografische Kindheitsforschung versteht Kindheit nicht als fremde, zu bereisende Kultur, geht aber davon aus, dass Kindheiten eigenen kulturellen Praktiken ausbilden können. Als zentraler Bezugspunkt von Kindheitsethnografien gilt der Alltag der Kinderakteure (Lange & Wiesemann 2012). Auch das Aufsuchen von Kindern und Jugendlichen in alltäglichen und realen Situationen der Schule ist zum Gegenstand ethnografischer Kindheitsforschung geworden.

Interpretative Unterrichtsforschung ist gekennzeichnet durch die Hinwendung zum Gegenstandsbereich des Unterrichtsalltags. Sie geht davon aus, dass Sinnstrukturen in sozialen Akten erzeugt und rekonstruiert werden können, und nimmt an, dass der Unterricht durch ein interaktives Zusammenspiel von Instruktion und Konstruktion bestimmt wird (Krummheuer & Naujok 1999).

Ergänzend sind forschungsmethodische Überlegungen aus der Kindheitsforschung in die vorliegende Studie eingeflossen. Methodologische Aspekte des Forschens mit Kindern und über Kinder wurden in der deutschsprachigen sozial- und erziehungswissenschaftlichen Forschung in den letzten 20 Jahren zunehmend systematisch behandelt. Die qualitative Kindheitsforschung bemüht sich darum, im Forschungsprozess Offenheit für die Sinn- und Regelsysteme der Kinder herzustellen, um diese in „natürlichen Situationen" mit interpretativen Mitteln erschließen zu können (Heinzel 2012).

Zur Datengewinnung

Insgesamt wurden in 23 Grundschulklassen Kreisgespräche, fast immer Morgenkreise, teilnehmend beobachtet. Durch die teilnehmende Beobachtung in verschiedenen Klassen war eine Auseinandersetzung mit den unterschiedlichen Regeln, Ordnungen und Praktiken im Morgenkreis möglich und es mussten auch jeweils neue Zugänge zu den im Kreis versammelten Klassengemeinschaften hergestellt werden. Die Auswahl der beobachteten 23 Klassen erfolgte durch *theoretical sampling* (vgl. Glaser & Strauss 1968), d. h. die ersten Fälle wurden durch solche erweitert, die sich im Forschungsprozess für die Theoriebildung als wichtig erwiesen. Ich wurde zur „Kreissammlerin"[4] und suchte systematisch nach Situationen, die sich von den zunächst beobachteten unterschieden. In drei Grundschulklassen, in denen die Kreispraxis interessante Kontraste aufwies, wurde zudem an je fünf aufeinander folgenden Tagen der Morgenkreis videografiert. Durch den Einsatz von Video sollten bestimmte Probleme der teilnehmenden Beobachtung wie Informationsverlust, Reduktion von Komplexität durch die Beobachterin und Verzerrungen entfallen, die beim Anfertigen von Beobachtungsprotokollen entstehen. Die Videoaufnahmen erlaubten es, Wortwechsel der Kinder, die Inszenierung von Erzählungen, die Entwicklung von Gedanken beim Sprechen und zudem die Lehrer-Schüler-Interaktionen zu dokumentieren. Nur mit Video gelang es mir, Kreisgespräche so aufzuzeichnen, dass Transkripte entstehen konnten, in denen die Sprecher und Sprecherinnen fast immer zu identifizieren waren und auch Zwischenrufe sowie ausgewählte nicht-akustische Signale festgehalten werden konnten. Die Konservierung der Bilder ermöglichte zudem die Trennung von Beobachtung und Interpretation und die Rekonstruktion der Transkripte in Interpretationsgruppen unter Berücksichtigung der Videoaufnahmen. Bei Anfertigung der Videoaufnahmen stand die Beobachterin abseits hinter der Kamera, nahm also nicht an der Kreissituation teil.

Da in der von mir durchgeführten Untersuchung von einer grundlegenden Differenz der erwachsenen Perspektive der Lehrperson und der kindlichen der Schülerinnen und Schüler ausgegangen wird, wurde ein methodisches Setting gewählt, das es erlaubt, diese Perspektivendifferenz auch zu erfassen. Um Perspektiven triangulieren zu können, wurden zudem Interviews mit den Lehrerinnen der drei videografierten Klassen und mit ausgewählten Kindern geführt.

In diesem Buch wird als Fall der Morgenkreis in Klasse A präsentiert. Dieser Fall steht für einen spezifischen Typ des Morgenkreises, den Morgenkreis als Partizipationsform. In Klasse A verfolgte die Klassenlehrerin eine Konzeption des Morgenkreises, in der Partizipation, Aushandlungen und die Gestaltung der sozialen Ordnung im Vordergrund standen.[5]

---

4   Diesen Begriff verdanke ich Burkhard Fuhs und Hanns Petillon, die ihn auf verschiedenen Forschungstagungen – unabhängig voneinander – in Bezug auf meine Aktivitäten benutzten.

5   Wie bereits im 3. Kapitel erwähnt, konnten drei Grundorientierungen der Lehrpersonen unterschieden werden: eine partizipative Orientierung, eine unterrichtszentrierte Orientierung und eine erfahrungsbezogene Orientierung (Heinzel 2001, 170ff.; Heinzel 2003).

Zur Analyse

Die Analyse begann schon in der Beobachtungsphase und führte dazu, dass bestimmte Klassen mit ihrer Morgenkreispraxis für die Videoaufnahmen ausgewählt wurden. Auch bei der Transkription bzw. der Notation, d. h. der Umschrift der Laut- und Bilderfolge in Text, wurden interpretative Entscheidungen getroffen. So wurde nur der Hauptgesprächsstrang transkribiert und Beobachtungen zu den nonverbalen Signalen in beschreibender Form hinzugefügt. Auf eine formale Überexaktheit in der Notation wurde verzichtet.

Als Fall wurde der Morgenkreis in einer Klasse an fünf Tagen bestimmt. Das Datenmaterial für die hier vorgelegte Fallanalyse bestand in den Transkriptionen der Morgenkreise, die in ihrem Verlauf und in Auszügen sequenziell interpretiert wurden. Zudem wurden auf der Basis der Videoaufnahmen, der Feldnotizen und der Transkriptionen der Kreisgespräche und der Interviews auch interpretative Beschreibungen angefertigt, die in die Fallstudie eingeflossen sind.

Die Transkripte wurden fallbezogen codiert mit dem Ziel, die Beobachtungen zu sortieren und relevante Themen und Szenen zu finden. Die Identifikation, Entwicklung und Konturierung von Themen für die Analyse gilt als ein wesentlicher Schritt im ethnografischen Forschungsprozess. Eine weitere wichtige Forschungshandlung bestand darin, Überraschungen und Irritationen wahrzunehmen durch die Einnahme eines befremdenden Blickwinkels, durch die Interpretation von Szenen, in denen die Forscherin im Feld überrascht war, oder durch die Analyse von Kontrasten in Bezug auf Verhaltensmodelle oder eigene analytische Ideen (Breidenstein, Hischauer, Kalthoff & Nieswand 2013, 109ff.).

Der Morgenkreis an jedem der fünf Tage wurde in seinem Ablauf und in seiner Vollzugslogik rekonstruiert und beschrieben. Es ging dabei darum, die Äußerungen und Handlungen im Morgenkreis in ihrem zeitlichen Ablauf zu analysieren und die Handlungsprobleme in der Choreografie der Interaktionsverläufe im Morgenkreis zu rekonstruieren. Dazu müssen unterscheidbare Handlungsfolgen bestimmt werden.

Sequenzielles Interpretieren folgt der Annahme, dass soziale Situationen durch Konventionen und Regeln bestimmt sind. Beim sequenziellen Interpretieren wird Schritt für Schritt vorgegangen, da davon ausgegangen wird, dass soziale Ordnung Zug um Zug hergestellt wird und Sinn im Handlungsvollzug entsteht. Zur Feinanalyse ausgewählter Interaktionssequenzen sowie einzelner Szenen und Erzählungen der Kinder wurden unterschiedliche Methoden der sozialwissenschaftlichen Hermeneutik herangezogen (Objektive Hermeneutik, Dokumentarische Methode, nicht sequenziell verfahrende Tiefenhermeneutik).

Nachfolgend wird nun die Fallstudie zum Morgenkreis in Klasse A präsentiert. Danach werden Strukturmerkmale der Interaktion im Morgenkreis vorgestellt.

5 Fallstudie – Fünf Tage Morgenkreis in Klasse A

Rahmenbedingungen

Die Videoaufnahmen in Klasse A entstanden in den 1990er Jahren an einer westdeutschen Grundschule. Die Schule befindet sich in einer mittelgroßen Stadt in einem Stadtteil, der als „sozial depriviert" gilt. Das Profil der Schule zeichnete sich zum Zeitpunkt der Beobachtung durch eine deutliche Tendenz zu Reform, Innovation und Integration aus.

Der Schultag begann in allen 20 Klassen dieser Grundschule mit einem gleitenden Anfang, dann folgte ein erster Unterrichtsblock mit Morgenkreis, Spiel- und Arbeitszeit sowie gemeinsamem Frühstück. Nach der Hofpause folgte der zweite Unterrichtsblock. Daran schloss sich die zweite Hofpause an. Ab 11:40 Uhr standen offene Angebote, Hausaufgabenhilfe und zusätzlicher Unterricht auf dem Programm. Für das Unterrichtsgeschehen in den meisten Klassen waren differenzierte Arbeits-, Lern- und Spielformen sowie ritualisierte Sozialformen und Regeln kennzeichnend.

In der beobachteten Klasse wurde das Schulkonzept von der Klassenlehrerin (Anne Abel, geb. 1946) engagiert umgesetzt. Die Lehrerin leitete die Klasse seit dem ersten Schuljahr und unterrichtete die Kinder in allen Fächern außer in Mathematik, Sport und Musik.

Für die Zusammensetzung der Klasse A war eine sehr große Heterogenität kennzeichnend. Der Klasse gehörten zu Beginn der Aufzeichnungen 18 Kinder an, die zwischen neun und zwölf Jahre alt waren. Diese Kinder, acht Jungen und zehn Mädchen, befanden sich im vierten Schuljahr. Während der Beobachtungswoche wurde ein weiterer Junge Schüler der Klasse.

Die 19 Kinder stammten aus sieben verschiedenen Ländern. Fünf Kinder waren in Deutschland geboren und ihre Eltern waren deutscher Herkunft (Cora, Lars, Nina, Tina, Verena)[6]. Ein Kind hatte einen afrikanischen Vater und eine deutsche Mutter (Sebastian). Von den acht Kindern aus Aussiedlerfamilien kamen drei aus Polen (Alena, Viktor, Susanne) und fünf aus Russland (Anton, Irina, Josef, Magda, Jakup). Auch Daniel, ein Junge der während der Beobachtungswoche neu in die Klasse aufgenommen wurde, kam aus Russland. Er sprach kein Deutsch, genau wie Magda, die ebenfalls erst seit wenigen Monaten in Deutschland lebte.

---

6 Nina und Tina sind Zwillingsschwestern.

Die Eltern der muslimischen Kinder kamen aus vier verschiedenen Ländern: aus Afghanistan (Hiba), dem Libanon (Mohammad), der Türkei (Yilmaz) und Syrien (Nessrim). Zwei dieser Kinder (Yilmaz und Mohammad) wurden in Deutschland geboren.[7]

Die Platzwahl im Morgenkreis war den Kindern freigestellt; dennoch saßen sie in der Beobachtungswoche immer ähnlich: Eine Jungengruppe, bestehend aus Lars, Sebastian, Anton, Josef, Yilmaz, Jakup, Daniel, Viktor und Mohammad bildete einen Teil des Kreises, wobei die Plätze innerhalb dieser Gruppe manchmal wechselten. Einen zweiten Teil des Kreises formte eine Mädchengruppe, bestehend aus Verena, Nina, Cora, Tina, Hiba, Alena und Susanne. Auch in dieser Gruppe waren Platzwechsel möglich, doch saßen bei den Mädchen wie bei den Jungen „beste Freunde" meist nebeneinander. Etwas isoliert saßen Magda, Nessrim und Irina. Neben jedem ihrer Plätze waren Lücken. Nur Irina hatte manchmal noch Cora neben sich. Die Lehrerin nahm mit dem Rücken zur Tafel immer an der gleichen Stelle „vorne" (an der Tafel) im Kreis Platz. Die Plätze neben ihr änderten sich, doch saßen Cora und Hiba in der Beobachtungswoche je zweimal auf Plätzen neben der Lehrerin. Insgesamt eröffnete der Blick aus der Vogelperspektive auf den Kreis gute Einsichten in die sozialen Beziehungen in Klasse A.

Zum formalen Ablauf des Morgenkreises

An vier Tagen der Woche begann der gemeinsame Schultag für die Kinder in Klasse A mit dem Morgenkreis. Nur freitags fand der Kreis später statt, da die Klassenlehrerin erst zur zweiten Stunde in der Klasse unterrichtete.

Das Zeichen zum Beginn des Kreisgesprächs gab die Lehrerin oder das Kind, welches das Amt des Präsidenten bzw. der Präsidentin innehatte durch Läuten mit einer Glocke. Der offizielle Beginn war immer dann, wenn die Lehrerin ihr Protokollbuch nahm und sich bei dem Präsidenten bzw. der Präsidentin nach dem Datum erkundigte. War das Datum genannt und im Protokoll festgehalten, wurde durch das präsidierende Kind jeden Morgen das gleiche Lied angestimmt. Nachdem das Lied gesungen war, nannte der Präsident oder die Präsidentin die fehlenden Kinder, die dann ebenfalls im Protokoll vermerkt wurden. Schließlich verlas die Lehrerin das Protokoll des letzten Morgenkreises.

Anschließend durfte die Präsidentin oder der Präsident zu einem von den Kindern gemeinsam vereinbarten Thema etwas erzählen. Wenn alle Kinder in der Rolle des Präsidenten einmal die Gelegenheit erhalten hatten, sich zu die-

---

7   Alle Namen wurden anonymisiert.

sem Thema zu äußern, wurde ein neuer Erzählgegenstand festgelegt[8]. In der Beobachtungswoche konnten Zukunftswünsche thematisiert werden. Fünf Kinder konnten von der Präsidentin oder dem Präsidenten aufgerufen werden, die berechtigt waren, Nachfragen zu stellen. Dabei galt die Regel, dass Präsidenten möglichst Mädchen und Präsidentinnen möglichst Jungen drannehmen sollten. Der eigene Wunsch und auch die Nachfragen der Mitschülerinnen oder Mitschüler wurden später auf einem Arbeitsblatt schriftlich festgehalten.

Zur Rolle der Präsidentin bzw. des Präsidenten gehörten auch bestimmte Gegenstände oder Requisiten, eine Glocke und ein Stab, der mit einer Flüssigkeit und Sternchen gefüllt war.[9] Wenn es zu laut wurde, nahm das Kind die Glocke zu Hilfe; der Stab konnte zur Begrenzung der Redezeit eingesetzt werden: Wenn alle Sternchen nach dem Drehen des Stabes die Seite gewechselt hatten, sollte die Redezeit beendet sein. Außerdem hatte die Präsidentin bzw. der Präsident Karten mit den Namen aller Kinder der Klasse mit in den Kreis zu nehmen, denn am Ende des Morgenkreises durften sie den Nachfolger oder die Nachfolgerin im Amt bestimmen, indem aus einem Stapel eine Namenskarte gezogen, allen gezeigt und an einer Pinnwand befestigt wurde. Die Namen der Kinder, die schon an der Reihe waren, standen so lange nicht mehr zur Auswahl und ihre Namenskärtchen wurden in einer zweiten Schachtel aufbewahrt, bis alle Kinder einen Morgenkreis lang die Präsidentenrolle innehatten.

Montags konnten die Kinder zudem von ihren Wochenenderlebnissen berichten. Zur Weitergabe des Wortes wurde dabei ein Erzählsäckchen verwendet, welches sie sich zuwarfen. Auch galt die Vereinbarung, dass Mädchen und Jungen abwechselnd drankommen müssen. Die Kinder sollten sich auch bei den Wochenendgeschichten auf bestimmte Erzählüberschriften einigen. Die mündlich vorgetragenen Wochenendgeschichten wurden nach dem Morgenkreis in ein Geschichtenheft geschrieben. Am Ende des Schuljahres bekam jedes Kind seine gesammelten Geschichtenhefte in gebundener Form als Buch von der Lehrerin überreicht.

Die Themen der Zukunftswünsche und auch die Erzählgegenstände der Kinder wurden von der Lehrerin im Protokoll festgehalten.

Nach der Erzählzeit übernahm wieder die Lehrerin die Leitung des Kreisgespräches und sprach Themen an, die es aus ihrer Sicht zu klären galt.

8　In der Beobachtungswoche wurde als ein neues Thema „Bester Freund / beste Freundin" ausgehandelt. Im Interview erinnerte sich die Lehrerin an folgende weitere Themen: Geschwistergeschichten, Elterngeschichten, Tiergeschichten. Sie berichtete außerdem, dass die Themenwahl anfangs frei gewesen sei. Im Interview mit Hiba erfuhr ich, dass eine Zeit lang auch Witze erzählt wurden. Lars erinnerte sich im Interview besonders gern an die Themen, die sich auf die Zukunft bezogen.

9　Zu den Requisiten des Präsidenten bzw. der Präsidentin gehört noch ein zweiter kleinerer Stab, der in der Beobachtungswoche aber verschwunden war. Mit ihm konnte das Rederecht im Bedarfsfall noch weiter verlängert werden.

In der Beobachtungswoche wurden beispielsweise Konflikte mit anderen Klassen thematisiert, die Aufnahme eines neuen Kindes in die Klasse wurde verhandelt oder Organisatorisches zum bevorstehenden Klassenausflug besprochen. In dieser Phase übernahm die Lehrerin die Wortvergabe und auch das Ende des Kreisgesprächs wurde von der Lehrerin bekannt gegeben.

5.1 Montag

Einige Kinder beginnen, mit ihren Stühlen einen Kreis zu formen. Dann läutet Yilmaz mit der Glocke und auch die übrigen Kinder setzen sich in den Kreis. Nachdem alle im Kreis Platz genommen haben, schlägt die Lehrerin das Protokollbuch auf und fragt nach dem Datum, das ihr von mehreren Schülerinnen und Schülern zugerufen wird. Während sie das genannte Datum in das Protokollbuch auf ihren Knien einträgt, wiederholt sie die Angabe noch einmal und bittet Alena, sie an die Tafel zu schreiben. Als Alena in die Nähe der Kamera kommt, rufen ihr mehrere Kinder zu, dass sie „bitte lächeln" solle. Die Lehrerin fragt, wer Präsident sei, und die Antwort „Yilmaz" wird von ihr ebenfalls sofort notiert.

„Als ob"

Nachdem die Lehrerin das Datum und den Namen des Präsidenten im Protokoll vermerkt hat, fordert sie mich auf, den Kindern zu erklären, „was es bedeutet, aufgenommen zu werden". Ich bin überrascht, denn die Kinder kennen mich bereits von zwei Besuchen in der Klasse. Ich habe die Kinder bei meinem letzten Kommen auch gefragt, ob ich ihren Gesprächskreis filmen darf. Zugleich weiß ich von der Lehrerin, dass sie mit der Klasse am vergangenen Freitag bereits über die Videoaufnahmen gesprochen hat. Auch das Einverständnis der Eltern musste eingeholt werden. So komme ich etwas irritiert der Aufforderung der Lehrerin nach, verlasse meine Position hinter der Kamera, trete in den Kreis und erkläre, dass ich Forscherin bin und mich für Gespräche von Kindern interessiere. Es ist, als ob ich eine Bühne betrete, eine Rolle übernehme und meine Tätigkeit und Anwesenheit öffentlich verantworte. Die Frage der Kinder, ob sie ins Fernsehen kommen und berühmt werden, verstehe ich als einen Spaß dieser klassenöffentlichen Bühne. Die Kinder lachen und ich lache mit.

Bereits in dieser ersten Situation, in der ich in den Kreis trete und kurzzeitig zu einer aktiven Teilnehmerin des Geschehens werde, wird die Struktur des Interaktionsgeschehens im Kreis sichtbar. Wer dort spricht und handelt, betritt eine schulisch gerahmte Arena. Die Kinder stellen die Mehrheit der

Akteure und bilden gleichzeitig das Publikum, doch auch die Lehrerin muss ihre Rolle spielen. Der Versammlungs- und Bühnencharakter der Kreissituation, die schulische Rahmung und auch die besondere Form des Erzählens im Kreis erzeugen eine Als-ob-Struktur.

In linguistischen und erzähldidaktischen Untersuchungen wird diese Als-ob-Struktur kritisch betrachtet und darauf hingewiesen, dass Lehrpersonen und Schülerinnen und Schüler, würden sie in Kreisgesprächen tatsächlich in alltäglicher Weise erzählen und zuhören, ihre professionelle Rollenbeziehung aufgäben (vgl. Flader & Hurrelmann 1984; Hausendorf & Quasthoff 1996). Der Schüler „nähert sich der Rolle des alltäglichen Erzählers dadurch, dass er seine persönliche Erfahrung vermittelt, andererseits erfüllt er mit seiner Erzählung eine Aufgabe, die als Schulleistung eingeordnet werden muss. Der Lehrer nähert sich dem alltäglichen Zuhörer dadurch, dass er sich für die Erfahrung des Schülers interessiert und eine symmetrische Kommunikationsbeziehung temporär einzugehen versucht. Andererseits ist er als Garant von Lernprozessen, für die Beurteilung und Verbesserung der Schüleraktivität und einen geordneten Unterrichtsverlauf zuständig" (Flader & Hurrelmann 1984, 239). Deshalb könne in Gesprächen im Rahmen der Schule nur so getan werden, als ob der Rahmen der Institution außer Kraft gesetzt wäre. Dieses „als ob" wird mit zunehmender Sozialisation des Schülers oder der Schülerin „ein von beiden Seiten durchschauter Bestandteil des Rahmens der schulischen Kommunikation" (Hausendorf & Quasthoff 1996, 336). Andererseits ist die Als-ob-Struktur eine Grundstruktur der spielerischen Auseinandersetzung von Kindern mit der sie umgebenden Welt. Eine Frage der folgenden Analyse der Kreisgespräche wird nun sein, wie sich die Kinder der Klasse A in dieser Als-ob-Struktur bewegen, welche Partizipationsmöglichkeiten in den Kreisgesprächen entstehen und wie die Lehrerin den institutionellen Rahmen „Schule" aufrechterhält.

Einbindung in das Regelwerk und die Kreisgemeinschaft

Bei der Analyse des Videos fällt mir auf, dass ich in dieser Anfangssituation eine Frage beantwortet habe, die mir gar nicht gestellt wurde. Die Lehrerin hatte Folgendes gesagt:

„Das Erste, was nun ist [...] *(die Kinder werden ruhiger)*, ist euch vorzustellen und zu erklären, was es bedeutet, aufgenommen zu werden. Das kannst du ja selbst übernehmen." *(Sie wendet sich beim letzten Satz mir zu.)*

Ich hatte in der Handlungssituation interpretiert, dass ich den Kindern erklären soll, warum ich sie auf Video aufnehme und war irritiert, weil die Kinder dies eigentlich schon wussten.

Doch was „bedeutet" es eigentlich „aufgenommen zu werden"? Und für wen? Die Kinder und die Lehrerin werden mittels Videokamera aufgenommen. Sie werden einerseits gefilmt, die Situation wird festgehalten; sie werden aber auch aufgenommen in eine Forschungssituation bzw. erhalten Aufmerksamkeit durch die Vertreterin einer Universität. So verstanden könnte die Frage der Lehrerin ein Appell an das „gute Benehmen", d. h. eine Erinnerung an die sozialen Regeln und Normen sein, die in der Kreissituation gelten und die vor dem Auge der Kamera eingehalten werden sollen. Aber auch ich werde aufgenommen in eine Gemeinschaft, die im Kreis in diesem Moment ihre Gestalt erhält, und von einer Lehrerin, die zulässt, dass ich in ihrem Unterricht anwesend bin, filme und forsche. Wenn die Lehrerin also hier an das soziale Regelwerk erinnert, bindet sie mich mit ihrer Aufforderung, den Kindern die Bedeutung der Aufnahme verständlich zu machen, in dieses soziale Regelwerk ein. Und auch das kollegiale „du", das nicht auf einer persönlichen Bekanntschaft beruht, verpflichtet. Es wurde mir bei meinem ersten Besuch in der Klasse angeboten und operiert in der Logik der Vergemeinschaftung. Das Kennzeichnende der Kreisgemeinschaft wird bereits in dieser ersten Situation offensichtlich: Sie umfasst sowohl die Lehrer-Schüler-Beziehung als auch die Beziehungen und Interaktionen der Kinder einer Schulklasse, wobei diese Beziehungen durch das Netz wechselseitiger Blicke, das im Kreis entsteht, recht eng verwoben sind.

Das Protokoll

Beim Betrachten des Videos wie beim Lesen der Transkription fällt zuerst die Verwendung des Protokolls auf. Schon in der Eröffnungsphase der Kreissituation erhält es herausragende Bedeutung. Die Lehrerin möchte von Yilmaz hier freundlich um das Verlesen des Protokolls gebeten werden:

Yilmaz: Nessrim und Susanne fehlen. Mein Wunsch für die Zukunft ist.

Mehrere Kinder rufen: Protokoll! Protokoll!

Yilmaz: […] Äh, Protokoll.

Lehrerin: Kannst du das **vielleicht** mal so sagen, dass ich es auch **gerne** mache.

Anton *(zu Yilmaz)*: Frau Abel, bitte *(lächelt)*.

Yilmaz: Frau Abel, können sie **bitte** das Protokoll lesen *(lächelt)*.

Lehrerin: Wenn du so nett fragst, **gerne**! *(lächelt)*

Yilmaz vergisst hier einen Schritt im vorgegebenen Ablauf des Morgenkreises. Er hat zwar – wie üblich – zuerst das Datum genannt und dann die fehlenden Kinder, will nun aber umgehend von seinem Zukunftswunsch berichten, doch muss vorher – so will es der Ablauf des Morgenkreises – das Protokoll verlesen werden, woran ihn die anderen Kinder auch sogleich erinnern. Auf seine eilige Korrektur hin, fordert die Lehrerin einen höflich vorgetragenen Wunsch ein, der in der Öffentlichkeit immer in Gefahr steht, zu einer Demütigung zu werden, was hier aber nicht geschieht, wie die lächelnde Hilfe und die unbefangene Reaktion von Yilmaz zeigt. Die Lehrerin beabsichtigt, die Rollen in dieser Phase des Morgenkreises zu festigen, in der Yilmaz Verantwortung übernehmen soll und sie (nur) als freundlich zu behandelnde Protokollantin tätig wird.

Das Protokoll wird von der Lehrerin eingesetzt, um die Bedeutung bestimmter Aussagen der Kinder zu betonen, die auch deshalb genau notiert werden, weil später im Unterricht dazu auch Schreibaufgaben zu erledigen sind. Weiter dient es der Herstellung von Kontinuität durch Anknüpfen an die letzte Kreissituation. Die Lehrerin ist sehr um Korrektheit des Protokolls bemüht und ich gewinne den Eindruck, dass sie auch die Wichtigkeit des Instrumentes „Protokoll" in Versammlungen demonstrieren möchte.

Wenn beim Verlesen des Protokolls ihre eigenen Beiträge erwähnt werden, sind die benannten und betroffenen Kinder besonders aufmerksam und scheinen sich gewürdigt zu fühlen. Hiba schaut zu mir in die Kamera und streckt beide Arme in die Luft, als die Lehrerin in Erinnerung ruft, dass sie am Freitag Präsidentin war. Dann wird ihr Wunsch verlesen:

Lehrerin *(verliest das Protokoll)*: So, Freitag, 1.3. […] Wir haben **zuerst** geklärt, **vor** dem Präsidenten, den Konflikt vom Turnen gestern und die roten Karten einsammeln. […] Hiba war Präsidentin. Es fehlte Sebastian. Hiba erzählt, mein Wunsch für die Zukunft ist, dass es dann in Afghanistan keinen Krieg mehr gibt und wir zurückgehen können. Seit 18 Jahren ist dort Krieg. Als ich noch klein war, hat mir meine Mutter nicht erlaubt rauszugehen, weil dauernd Bomben vom Flugzeug runterkamen. Früher waren es 17 Millionen Menschen. Heute nur dreitausend? *(Unterbricht das Vorlesen und schaut zu Hiba)*

Lehrerin: Das habe ich nicht richtig verstanden? War das so? Hast du das so erzählt?

Hiba: Das habe ich so gelesen.

Lehrerin: Ich mach mal ein Zeichen dran, prüf das noch mal. *(Sie verliest weiter das Protokoll.)* Einmal saß ich auf der Schaukel, als eine Rakete runterkam. Ich bin mit dem Kopf auf einen Stein gefallen, aber Mutter hat mich geholt und gerettet *(wendet sich an Hiba)*. Korrekt?

Hiba: Korrekt.

(Die Lehrerin liest weiter.)

Der zögerliche Einstieg der Lehrerin in das Verlesen des Protokolls hängt damit zusammen, dass am vergangenen Freitag von dem routinierten Ablauf im Morgenkreis abgewichen wurde und zuerst ein Konflikt geklärt werden musste. Während dann von der Lehrerin Hibas Wunsch verlesen wird, ist es ganz still im Morgenkreis. Auch mir gehen beim Lesen des Transkripts Hibas Kriegserlebnisse nahe, doch irritiert mich die Reaktion der Lehrerin. Hiba soll ihre Zahlen über den Rückgang der Bevölkerung in Afghanistan noch einmal überprüfen und die zu überprüfende Stelle wird von der Lehrerin gekennzeichnet. Das Instrument des Protokolls und seine Handhabung werden hier zur Kontrolle der Gefühle und Ausblendung von Emotionalität eingesetzt. Hiba scheint das Vorgehen zu akzeptieren und sich als Expertin angesprochen zu fühlen. Am nächsten Morgen teilt sie auch sofort die korrekten Zahlen mit und erhält noch einmal für einige Sekunden die ungeteilte Aufmerksamkeit der Lehrerin, der Kinder und des Protokolls, denn dort werden ihre Angaben berichtigt.

Durch ihre Handhabung des Protokolls schafft sich die Lehrerin eine Möglichkeit, das Kreisgespräch indirekt zu steuern. So erklärt sie wenig später, als einige Kinder den Sinn einer Nachfrage zum Wunsch von Yilmaz zu diskutieren beginnen: „Ich hab's jetzt notiert. Der Präsident entscheidet, ob die Frage zugelassen wird oder nicht." Da sie bereits notiert ist, müsste Yilmaz verlangen, dass die Lehrerin die Frage nun wieder streicht, was er aber nicht tut. Dies wiederum dient der zügigen Fortsetzung des Montagskreises.

Wenn das Stimmengewirr einmal zu groß ist, wird von der Lehrerin ebenfalls mit dem Protokoll argumentiert. Sie verweist dann darauf, dass sie nichts versteht und nichts aufschreiben kann. Wird zu schnell gesprochen oder werden Erzählungen und Situationen zu komplex, gibt sie zu verstehen, dass sie beim Schreiben nicht mitkommt. Die Kinder akzeptieren, dass Frau Abel nicht so schnell schreiben kann, und werden auch nicht ungeduldig, wenn die Lehrerin sie bittet, etwas zu wiederholen, auch wenn der Gesprächsfluss dadurch manchmal ins Stocken gerät.

Aus der Perspektive der Lehrerin dient das Protokoll zur Steuerung und Strukturierung, zur Konzentration, zur Einübung in Formen der Demokratie und zur Versachlichung und Kontrolle von Gefühlen. Im Protokoll werden, wie sich an den weiteren Tagen noch zeigen wird, zudem wichtige Vereinbarungen festgehalten. Obgleich die Lehrerin sich in der Rolle der Protokollantin aus der Leitung teilweise zurückzieht, strukturiert sie das Gespräch der Kinder mit Hilfe des Protokolls und setzt es auch als Machtinstrument ein. Sie wird in der Rolle der Protokollantin zur Moderatorin der Gespräche.

Aus der Perspektive der Kinder bietet das Protokoll die Möglichkeit, für wenige Sekunden im Mittelpunkt der Klasse zu stehen, die eigenen Beiträge erfahren eine besondere Wertschätzung und es dokumentiert Wünsche und Erlebnisse der Kinder.

Betrachten wir nun den weiteren Verlauf dieses Montagmorgenkreises, so sind zwei Phasen zu unterscheiden: das Eröffnungsritual des Präsidenten Yilmaz (darin integriert das Verlesen des letzten Protokolls durch die Lehrerin) und die Formulierung seines Wunsches für die Zukunft sowie die Nachfragen zu seinem Wunsch und die Wochenenderzählungen.

„Alle meine Freunde …" – Aktive soziale Ordnung der Schulklasse

Yilmaz hatte seinen Wunsch vermutlich bereits „im Kopf" und freute sich darauf, ihn mitzuteilen, weshalb er zuvor wohl auch vergessen hat, die Lehrerin um das Verlesen des Protokolls zu bitten.

Yilmaz: Mein Wunsch für die Zukunft ist [...], dass ich bei den Bayern spiele und dass …

Lehrerin: Moment *(kommt nicht so schnell beim Protokollschreiben mit)*, dass ich **bei Bayern** spiele?

Jakup: Das ist doch klar.

Yilmaz: Ja [...] *(spricht dann langsam)* und dass ich die Nummer sieben habe. Und alle meine Freunde sollen mitspielen. Der Josef soll ausnahmsweise im Tor stehen.

(Nessrim kommt, es entsteht etwas Unruhe, einige Jungen melden bereits ihre Nachfragewünsche an, einige Kinder kommentieren Nessrims Eintreffen: Nessrim! Schon wieder! Nessrim kommt zu spät!)

Lehrerin: Ich habe **nichts** verstanden.

Yilmaz: Der Josef soll ausnahmsweise im Tor stehen. *(Josef lächelt.)*

Lehrerin: Soll ich ausnahmsweise aufschreiben?

Yilmaz: Ja. Und, mhm, ja, das war's.

Viele Kinder *(hauptsächlich Jungen)* melden sich nachdrücklich: Yilmaz, Yilmaz, Yilmaz!

Yilmaz: Anton.

Anton: Welche Nummer soll ich haben?

Yilmaz: Achtzehn.

Für Jakup ist es klar, dass sein Freund Yilmaz bei Bayern spielen möchte, und die Nachfrage der Lehrerin nutzt er, um seinen Insider-Status und seine Beziehung zu Yilmaz zu betonen. Es melden sich viele Kinder, die gerne von Yilmaz drangenommen werden wollen, um eine Nachfrage stellen zu können, und er darf nun (nur) fünf Kinder bestimmen. Yilmaz wählt zunächst Anton aus. Anschließend entscheidet er sich dann noch für Hiba, Jakup, Mohammad und Sebastian. Hiba fragt, wie lange Yilmaz schon Bayern-Fan ist. Jakup will – wie Anton – seine Nummer wissen und erhält die Zehn. Mohammad erkundigt sich, was mit denen sei, die keine Bayern-Fans wären, und Sebastian fragt, wie lange Yilmaz bei Bayern spielen möchte.

Für die Jungen in der Klasse sind das Fußballspielen auf dem Schulhof sowie die Spiele der Bundesliga und einzelne Spieler „große Themen". Doch hier teilt Yilmaz nicht nur seinen Traum mit, später Fußballprofi zu werden, sondern er strukturiert auch – aus seiner Sicht – die Freundschaftsbeziehungen der Jungen, wenn er drei (Trikot-)Nummern bzw. Positionen verteilt: Er selbst will die Nummer sieben haben. Josef soll „ausnahmsweise" im Tor stehen, d. h. das Trikot mit der Nummer eins tragen. Anton bekommt – auf Nachfrage – die Nummer achtzehn und Jakup erhält die Nummer zehn. Alle genannten Jungen sind sehr zufrieden mit Yilmaz' Nummernverteilung, denn sie erhielten herausragende Positionen. Üblicherweise gibt es in jeder Fußballmannschaft drei Untergruppen: Sturm bzw. Angriff, Mittelfeld und Abwehr. Jede dieser Gruppen hat gleichsam einen Chef. Bei Bayern München war zum Zeitpunkt des Gesprächs der Boss des Angriffs Jürgen Klinsmann. Er hatte sich das Trikot mit der Nummer achtzehn ausgesucht. Klinsmann war außerdem Mittelstürmer in der Nationalelf und Kapitän der deutschen Fußballnationalmannschaft; er konnte sozusagen als der ranghöchste deutsche Fußballspieler angesehen werden. Der Chef der Abwehr war bei Bayern München Lothar Matthäus. Seine Position war die des Liberos, und er trug das Trikot mit der Nummer zehn. Darüber hinaus war er Kapitän von Bayern München, mehrfach „Weltfußballer des Jahres" und deutscher Rekordnationalspieler. Einen Mittelfeldchef gab es bei Bayern München nicht. Der Mittelfeldspieler mit der Nummer sieben war beim FC Bayern München Mehmet Scholl, ein hochtalentierter Spieler und einer der wenigen „Straßenfußballer" im Profigeschäft. Scholl war der Teenieschwarm schlechthin und wurde von jüngeren Fußballfans als Star verehrt.

Yilmaz hat nun vier der acht in der Klasse befindlichen Jungen in seine Mannschaft einbezogen, aber gleichzeitig erklärt, dass alle seine Freunde – und damit meint er alle Jungen der Klasse – dazugehören sollen. Da jedoch nicht alle Jungen Bayern-Fans sind und außerdem die wichtigsten Positionen bereits vergeben waren, will Mohammad dann wissen, was mit den anderen wäre. Yilmaz gibt das Problem zurück: „Ich sag ja nicht, dass ihr spielen müsst." Damit fordert er seine Freunde zur aktiven sozialen Zuordnung auf.

Hibas Frage, wie lange Yilmaz bereits Bayern-Fan sei, gefällt den Jungen, die sich energisch zum Nachfragen melden, überhaupt nicht. Die Beziehungen der Jungen können nicht vollständig geklärt werden, weil nur fünf Fragen zulässig sind und auch (mindestens ein) Mädchen drangenommen werden muss. Das anschließende Getuschel in der Jungenecke verweist jedoch darauf, dass die weitere Klärung dann eben im Nebengespräch erfolgen muss. Das Thema „Zunkunftswunsch" gibt Yilmaz und den Gleichaltrigen im Kreis also Gelegenheit zur Strukturierung der Schulklasse – zunächst in Jungen und Mädchen und die Jungengruppe sortiert sich zudem in Bayern-Fans und Nicht-Bayern-Fans.

„Mädchen, Junge, Mädchen, Junge" –
Auf der Suche nach Gerechtigkeit

Nachdem Yilmaz dann eine neue Präsidentin bestimmt hat, stehen im Folgenden die Wochenendgeschichten im Mittelpunkt des Kreisgespräches. Es sind typische Wochenendgeschichten, die hier am Montagmorgen erzählt werden: es geht um Freunde, Familie, Besuche, Tiere, Medien oder Sport. Doch zunächst muss – so verlangt es die Lehrerin – ein Erzählthema festgelegt werden. Diese Maßnahme dient der Beschränkung auf einen wichtigen Erzählgegenstand und soll verhindern, dass die Kinder zu ausschweifend und lange sprechen. Die Frage nach dem Thema eröffnet lautstarke Debatten. Einige Jungen wollten Sport als Thema, doch einige Mädchen (u. a. Alena und Hiba) lehnen dies kategorisch ab. Der Lehrerin scheint der Konflikt vertraut zu sein und sie schlägt eine Lösung vor, in der sie die Bedeutung von Geschlechtszugehörigkeit noch weiter forciert (vgl. Breidenstein & Kelle 1998, 47ff.): „Sebastian, du berätst dich mit deinen Jungen und Verena berätst du dich mit deinen Mädchen kurz. Und dann machen wir ein Jungen- und ein Mädchenthema. Und ich schlage dann auch noch eins vor."

Hier wird also die gemeinsame Kreissituation für kurze Zeit aufgelöst und die Kinder werden von der Lehrerin bewusst nach Geschlecht separiert. Weil alle Mädchen nebeneinander sitzen und die Jungen ebenso, brauchen sie sich einander auch nur zuzuwenden, um eine Diskussion in der jeweiligen Geschlechtergruppe führen zu können. Von der Beratung der Mädchen sind jedoch Irina, Magda und Nessrim ausgeschlossen. Sie bleiben weiter an ihren Plätzen sitzen und nehmen keinen Anteil an den Diskussionen. Schließlich werden die Vorschläge vorgestellt:

Lehrerin: So, habt ihr denn beraten? Sebastian? Verena, fang du an, den Vorschlag der Mädchen vorzustellen.

Verena: Draußen.

(Nicht alle Mädchen wirken zufrieden. Besonders Alena scheint unzufrieden.)

Mohammad: Ich will auch „Draußen".

Lehrerin: Was draußen? Noch mal **genauer** beschreiben.

Nina: Rollschuh fahren oder so was.

Lehrerin: Also sich draußen aufhalten. Ich schreib mal, sich draußen aufhalten. *(Die meisten Mädchen wirken zufrieden.)* Weiter, die Jungengruppe. Sebastian!

Sebastian: Weiß nicht. Besuch. *(Lars freut sich. Viele Jungen wirken unzufrieden.)*

Lehrerin: Also Besuch ist das Jungenthema.

Einige *Jungen (mürrisch)*: Och **Mann**!

Sebastian: Aber noch eine **zweite** Sache, hast du doch gesagt!

Lehrerin: Das erste Thema war das Mädchenthema, das Zweite das Jungenthema.

(Verschiedene Kinder äußern ihre Unzufriedenheit.)

Lehrerin: **Ich** wähle jetzt das **dritte** Thema.

Einige Jungen: Au ja, bitte!

Lehrerin: Meine Lieblingsbeschäftigung

Einige Kinder *(rufen)*: Das hatten wir doch schon mal. Das hatten wir schon. Ja, genau.

Lehrerin: Das kann man ja noch mal machen. Das kann auch Sport sein. Es geht los.

Die Einigung scheint sowohl bei den Mädchen als auch bei den Jungen schwer zu fallen. Und auch die gefundene Lösung wird nicht von allen akzeptiert. Später zeigte sich, dass das Mädchenthema auch von Jungen und das Jungenthema auch von Mädchen gewählt wurde. Die Lehrerin versucht durch ihren eigenen Themenvorschlag noch weitere Kinder anzusprechen und die Unzufriedenheit bei den Jungen zu verringern. Während die Aushandlung der Themen eine Frage der Gleichheit in der Klasse ist und die Jungen und Mädchen in ihrem Gerechtigkeitsgefühl berührt, scheint das Interesse an den Erzählthemen der Kinder nicht geschlechtsspezifisch konnotiert zu sein. Der polarisierende Vorschlag der Lehrerin, in den jeweiligen Geschlechtergruppen zu beraten, ermöglicht deshalb zwar Verhandlungen im Zeichen gleicher Rechte, aber keine zufriedenstellende Lösung. Anschließend erkundigt sich die Lehrerin, wie nun die Vergabe des Rederechts geregelt werden soll, und auch hier lässt sie eine Diskussion zu oder provoziert diese sogar.

Lehrerin: Wie wollen wir vorgehen? Alle drannehmen oder nur ein paar?

Mehrere Kinder: Alle! Alle!

Nessrim: So rum! *(Sie möchte, dass bei den Mädchen angefangen wird).*

Sebastian, Josef, Anton, Lars: **So** rum *(Sie möchten, dass bei den Jungen angefangen wird.)*

Mehrere Kinder: Alle!

Alena: Mädchen! Junge! Mädchen! Junge!

Lehrerin: Alle? Und wenn es zu langweilig wird?

Mehrere Kinder: Nein! Alle!

Alena: Mädchen! Junge!

Lehrerin: Zu den Themen dazu?

(Mehrere Kinder stimmen zu.)

Lehrerin: Jetzt will ich mir erst mal angucken, wie ihr euch das denkt! Ja?

Einige Kinder: Ja! Ja!

Lehrerin: Gut, ich beginne.

(Die Lehrerin holt ein gelbes mit Sand gefülltes Säckchen und wirft es zu Cora. Das Säckchen wird im Folgenden von den erzählenden Kindern nebenbei geknetet, gewendet und in die Luft geworfen.)

Sebastian: Och, nein!

(Cora freut sich.)

Die Reihenfolge, die von Alena vorgeschlagen wird lautet: „Mädchen, Junge, Mädchen, Junge". Nessrim hatte „reihum" vorgeschlagen, möglicherweise weil sie direkt links neben der Lehrerin sitzt und sich erhofft, zuerst das Wort zu erhalten. Die Lehrerin bringt auch noch die Berücksichtigung der verschiedenen Erzählthemen bei der Festlegung der Reihenfolge ins Spiel, doch dieser Impuls wird von den Kindern nicht aufgegriffen. Diese kennen verschiedene Formen der Festlegung von Reihenfolgen, doch die Konstituierung der Reihenfolge „Mädchen, Junge" wird von den meisten akzeptiert, doch gleich taucht ein neues Problem im Gerechtigkeitsdiskurs der Kinder auf, denn nur eine Person kann anfangen. Diese Schwierigkeit stellt die Lehrerin nun aber nicht zur Diskussion, sondern sie entscheidet selbst und wirft Cora das Säckchen zu, die damit das Rederecht erhält. Der Kommentar „Och, nein!" von Sebastian ist eine Reaktion auf diese Wortvergabe der Lehrerin. Nachdem Cora ihre Erzählung beendet hat, stimmt sie sich mit den sie umgebenden Mädchen ab, um zu entscheiden, welcher Junge nun zuerst das Säckchen erhält.

Der Versuch der Festlegung gerechter Reihenfolgen bei der Wortvergabe und einer der Verschiedenheit der Interessen entsprechenden Themenfestlegung beruht auf Seiten der Lehrerin auf einer Orientierung an der demokratischen Gleichheits- und Gleichberechtigungsvorstellung (vgl. Prengel 1993, 34ff.). Auch den Kindern geht es um Gleichheit. Oser und Althoff sprechen sogar von „einem leidenschaftlichen Glauben an Gleichheit" (Oser & Althoff 1992, 55), der bei Kindern ab dem 7./8. Lebensjahr oft vorherrsche. Die Kinder machen dabei häufig Gegenseitigkeit zum Kriterium ihres moralischen Ringens um Gerechtigkeit. Dass in der zuvor präsentierten Szene das Geschlecht zu einem zentralen Modus des Ringens um Gerechtigkeit im Morgenkreis wird, hängt in diesem Fall auch mit den Angeboten der Lehrerin zusammen, die auf dem Hintergrund ihres geschlechterdemokratischen Denkens den Spannungen und Möglichkeiten der Identitätsbildung Raum gibt, die für die Kinder mit dem dual konstruierten Geschlechterverhältnis verbunden sind.

Die Lust am Unsinn – Unfallgeschichten und andere Pointen

Wie schon erwähnt, können an jedem Montag im Kreis Wochenendgeschichten berichtet werden, die als kleine Inszenierungen von mehr oder weniger erfahrenen Erzählenden auf die Kreisbühne gebracht werden. Fast alle Kinder wissen, welche Geschichten ankommen und wie Pointen gestaltet werden müssen. Dennoch gibt es erfolgreiche und weniger erfolgreiche, geschickte und weniger geschickte Erzählende. Einige Kinder (z. B. Anton oder Mohammad) lachen schon vorher herzlich über ihre eigenen Pointen und erfahren große Resonanz. Irina, Nessrim, Jakup und Verena finden wenig Anklang mit ihren Geschichten, doch die meisten Kinder signalisieren auch bei den Beiträgen dieser eher ungeschickt erzählenden Kinder Aufmerksamkeit. Manchmal werden Erzählungen einfach durch entsprechende Zwischenrufe oder Nachfragen interessanter gestaltet.

Immer steht die Erzählung desjenigen Kindes im Vordergrund, das mit dem Requisit des Säckchens ausgestattet und im Besitz des Wortes ist, doch es entstehen auch Zwischengespräche und Dialoge während dieser Haupterzählung. Teilweise kommt es zu Diskussionen, manchmal werden Fragen gestellt oder Hinweise und Kommentare abgegeben. Die wechselseitigen Interaktionen führen dazu, dass das Geschehen komplex wird.[10]

Die meisten Kinder erzählen gerne, selbst die, deren Erzählung nur schleppend vorankommt, weil sie große Schwierigkeiten mit der deutschen Sprache haben (z. B. Nessrim oder Jakup). Auch diese Kinder melden sich aktiv und möchten unbedingt drankommen. Weil einige Kinder gerne sehr ausführlich erzählen, wurden in gemeiner Absprache Rituale zur Begrenzung der Redezeit eingeführt, wie z. B. der Redestab oder die Festlegung auf nur ein Erzählthema. Ausschweifendes und frei assoziierendes Erzählen billigt die Lehrerin im Rahmen der begrenzten Erzählzeit nicht, weil andere Kinder sonst nicht zu ihrem Recht kommen und die Aufmerksamkeit der zuhörenden Kinder an ihre Grenzen geraten würde, so erklärte sie mir im Interview.

Trotz der langen Zeit (insgesamt dauert der Morgenkreis über 40 Minuten) bleibt die Aufmerksamkeit der Kinder hoch. Insgesamt erhalten 13 Kinder die Gelegenheit, über ihre Wochenenderlebnisse zu berichten, bevor die Lehrerin die Erzählzeit abbricht und den Morgenkreis beendet. Zunächst ein kurzer Überblick, was überhaupt thematisiert wurde:

1. Cora berichtet, dass sie mit Tina und Nina Rollerskates gefahren ist. Die Mädchen haben Lars getroffen und ihn nicht beachtet.
2. Mohammad erzählt von einem Besuch bei seinem Freund und einem Spaziergang mit dessen Hund.
3. Hiba ärgerte mit ihrer Freundin einen Jungen, indem sie den Namen eines Mädchens riefen, das ihm Liebesbriefe schreibt.
4. Irina besuchte ihre Oma und fuhr dort mit ihren Cousinen Rollschuh. Dabei spielten sie anderen Kindern, die sie geärgert haben, einen Streich.

---

10 Interessant ist, dass beim Lesen des Transkripts und beim Anschauen des Videos verschiedene Wahrnehmungen entstehen. Die Geschichten wirken im Video zusammenhängender, weil die Hauptredner durch die Kameraführung deutlicher in das Blickfeld kommen. In der Videoaufnahme werden zudem Elemente nonverbaler Kommunikation sichtbar (vgl. Huhn u. a. 2012). Im Transkript hingegen treten die Wortwechsel viel deutlicher ins Zentrum.

5. Jakup bekam Besuch aus Moskau. Hinzu kam noch sein Cousin, mit dem er Super-Mario-World spielte.
6. Nessrim war draußen und fuhr Fahrrad.
7. Josef war mit seinem Freund verabredet, dessen Hund ihn gebissen hat.
8. Alena fuhr mit ihrer Freundin, deren kleiner Schwester und Susanne Rollerskates.
9. Yilmaz erzählt vom Fußballtraining am Freitag.
10. Anton nahm am Samstag an einem Fußballturnier teil. Seine Mannschaft spielte dreimal unentschieden.
11. Sebastian berichtet von Erfahrungen mit dem Computerspiel Monkey Island 2.
12. Viktor spielte mit einem Freund Fußball und schoss fünf Tore.
13. Verena fuhr am Sonntag Rollerskates und fiel dreimal hin.

Die drei zugelassenen Erzählüberschriften („Draußen", „Besuch" und „Meine Lieblingsbeschäftigung") sind so weit gefasst, dass fast alle typischen Wochenenderzählungen von Kindern im Rahmen der Schule darunter subsummiert und berichtet werden können. Das Thema „Draußen" suchen sich sechs Kinder (Hiba, Nessrim, Josef, Alena, Viktor und Verena) als Rahmenthema ihrer Erzählung aus. Das Thema „Lieblingsbeschäftigung" wird von vier Kindern (Cora, Yilmaz, Anton und Sebastian) gewählt und auch für das Thema „Besuch" entscheiden sich vier Kinder (Lars, Irina, Mohammad, Jakup). Unabhängig davon, welche Überschrift gewählt wurde, tritt jedoch häufig ein anderes Thema in den Vordergrund: In Unfallgeschichten werden kleinere und größere Missgeschicke thematisiert und sorgen manchmal für lautstarkes Gelächter. So ist Cora beim Rollerskating hingefallen. Bei Mohammad „fliegt" ein Mädchen bei der Flucht vor dem Hund von der Leiter. Irina war am Ärgern von Kindern beteiligt, die dann „auf die Schnauze" fielen. Josef wurde von einem Hund „in den Arsch" gebissen. Alenas kleine Schwester versuchte erstmals, mit Rollerskates zu fahren, und fiel hin. Beim Bemühen, es ihr beizubringen, legten sich dann alle beteiligten Kinder „auf die Nase". Auch Verena ist beim Rollerskatesfahren dreimal gestürzt. Antons Missgeschick bestand darin, dass seine Mannschaft beim Fußball gleich dreimal das Ergebnis „unentschieden" erzielte. Bei Nessrim ereignet sich der „Unfall" während des Erzählens, weil sie immer wieder falsch konjugiert und „ich habe Fahrrad gefahren" sagt, was karikierende Nachahmung, Korrekturen und Gelächter hervorruft. Außerdem ist bei den Erzählenden und Zuhörenden eine gewisse Lust an Missverständnissen sowie Wortspielen mit Zeit- oder Altersangaben festzustellen.

Zunächst bin ich überrascht von dem Lustgewinn aus der Komik von Missgeschicken, doch mir kommt der Unterhaltungswert der Fernsehsendung „Pleiten, Pech und Pannen" in den Sinn, die bei Kindern und Erwachsenen viel Gelächter auszulösen vermag. Popp (1993), der sich mit Humor und Sprachwitz von Kindern beschäftigt hat, stellt Strukturmomente des Humors zusammen, die sich in den Wochenenderzählungen der Kinder auffinden lassen: z. B. die Inkongruenz, das Unerwartete und Überraschende oder der respektlos-anarchische Umgang mit Ordnungen, Gefahren und sich selbst bzw. die Anerkennung der Unzulänglichkeit menschlicher Bemühungen. Popp weist darauf hin, dass der Humor „als Schmiermittel" sozialer Interaktion wirken kann, da sich im sozialen Lachen eine gemeinsame Orientierung bestätige (Popp 1993, 100). Der Humor eröffne darüber hinaus ein Ventil für Feindseligkeit und eine Abgrenzung des Subjektiven gegenüber den etablierten Normen (Popp 1993, 101).

Freud (1991, 227) stellt dar, dass Menschen das Komische nicht nur genießen, sondern auch absichtlich erzeugen, indem sie sich ungeschickt anstellen oder andere in eine komische Situation versetzen (Situationskomik, z. B. durch Beinstellen). Als Vorstufe des Witzes nennt er das Spiel von Kindern mit Worten und Gedanken und betont das Lustempfinden z. B. bei der Wiederholung von Ähnlichem, dem Wiederfinden von Bekanntem oder beim Gleichklang (Freud 1991, 144).[11] Die Lust am Unsinn als Vergnügen liege im Reiz des von der Vernunft Verbotenen. Diese Lust sei eine Demonstration gegen den Denk- und Realitätszwang und den Druck der kritischen Vernunft. Beim Komischmachen werde die Herabsetzung hemmender Quellen möglich und unterdrückte Lustquellen würden zugänglich (Freud 1991, 141f.). Die komischen Geschichten eröffnen den Kindern einerseits den Lustgewinn eines Spieles und erfüllen im schulischen Zusammenhang zudem einen Sinn, nämlich die Erfüllung einer schulisch erwarteten Erzählleistung. Die Schülerinnen und Schüler verwerten in den Erzählungen Lächerliches und bestechen ihre Hörer durch die witzigen Geschichten, indem sie die Lacher auf ihre Seite zu ziehen versuchen. Sie benutzen außerdem Formulierungen (wie „in den Arsch gebissen" oder „auf die Schnauze gefallen"), die im Unterricht meist nicht gern gesehen werden, doch die Lehrerin lässt diese Bemerkungen zu. Der Witz der Kinder ermöglicht so eine kurzfristige Auflehnung gegen schulische Normen und eine Befreiung vom Druck derselben. Er verhüllt zudem Aggressionen, wenn von Kindern Lächerliches an Feinden im Witz verwertet wird (z. B. in der Erzählung von Irina). Ferner sind die Hinfall-Geschichten keine „heilen" Geschichten, sondern sie handeln auch von der Verletzlichkeit der menschlichen Gestalt und von den Grenzen eigener Fähigkeiten.

Neben den Missgeschicken sind noch weitere Pointen zu bemerken. Jakup hat ein bestimmtes Computerspiel gespielt und diese Mitteilung scheint ihre eigene Attraktivität zu besitzen, wahrscheinlich weil es sich um ein begehrtes Spiel handelt. Auch Sebastian schildert seine Erlebnisse bei einem Computerspiel und wird dabei zu einer im Spiel handelnden Figur. Yilmaz hat beim Fußball ein Tor geschossen und auch diese Glanzleistung steht für sich. Gleiches gilt für Viktor, der beim Fußballspiel mit seinem

---

11 Lars berichtet im Interview, dass die Kinder bereits im ersten Schuljahr im Kreis häufig Witze erzählten.

Freund sogar fünfmal erfolgreich traf. Hiba erzielt die beabsichtigte Aufmerksamkeit und Wirkung, indem sie eine Liebesgeschichte veröffentlicht. Sie bringt zwei Kinder verschiedenen Geschlechts namentlich in Verbindung und weiß sogar zu berichten, dass der Junge „es zugegeben" habe.[12] Drei Wochenenderzählungen möchte ich im Folgenden vollständig vorstellen.

Drei Wochenendgeschichten

Cora erzählt die erste Wochenendgeschichte, Mohammad kann als zweites Kind berichten und Lars kommt als viertes Kind an die Reihe. Ich habe diese drei Geschichten ausgewählt, weil sie gut zu zeigen vermögen, dass Erzählungen aufeinander bezogen und während des Erzählens auch Beziehungsnetze aufgespannt werden.

Wochenendgeschichte von Cora

Cora *(etwas leise)*: Also [...], am Samstag sind Tina und Nina zu mir gekommen. Wir sind Rollerskates gefahren. Dann haben wir den Lars gesehen *(lacht)*. Der hat Fußball gespielt. Und dann ist der Lars reingegangen und kam auch mit seinen Rollerskates *(lacht, Nina und Tina lachen auch)*. Wir sind den Berg runtergefahren und dabei sind wir hingefallen *(lacht)*. Um 6 Uhr sind wir nach Hause gefahren.

(Cora gibt das Säckchen an Mohammad.)

Cora erzählt ein Wochenenderlebnis, an welchem vier der Kinder der Klasse (sie selbst, Nina, Tina und Lars) beteiligt waren. Es ist ihr wichtig mitzuteilen, dass ihre Freundinnen, Nina und Tina, am Wochenende zu Besuch waren und das Dreiergespann gemeinsam Rollerskates gefahren ist, eine Tätigkeit, die derzeit als aktuell unter den Kindern gilt. Weiterhin stellt sie heraus, dass die Mädchen ihrem Klassenkameraden Lars im Stadtteil begegnet seien. Cora distanziert sich durch ihre Erzählung von Lars und gibt gleichzeitig allein durch die Nennung des Namens „Lars" auf der Kreisbühne und die Erwähnung der Begegnung mit ihm einen Anlass für das gemeinsame Gelächter der am erinnerten Geschehen beteiligten Mädchen. Im Kreis wird damit durch diese indirekte Adressierung von Lars die Geschlechtergrenze gleichzeitig stabilisiert und auch berührt.

Wochenendgeschichte von Mohammad

Mohammad: Also „Draußen" ist mein Thema.

Lehrerin *(unterbricht Mohammad und ist noch mit dem Protokoll beschäftigt)*: Wie war deine Überschrift Cora?

---

12 Fragen der Verliebtheit und der Paarbildung sind im Schulleben vieler Klassen (besonders im vierten, fünften und sechsten Schuljahr) alltäglich. Vgl. dazu Breidenstein & Kelle 1998, S. 181ff.

Cora: Meine Lieblingsbeschäftigung.

Mohammad *(lächelt)*: Also gestern, nee vorgestern, ach nee gestern *(lacht, mehrere Kinder lachen mit)* hab ich meinen Freund besucht. Und dann sind wir auch mit seinem Hund rausgegangen, weil, der musste sofort raus. Denn der war lange nicht mehr draußen. Dann sind wir mit dem in den Wald gegangen. Dann haben wir ihn mal losgelassen. Und sein Alter ist erst 12 Wochen.

Lehrerin: Wessen Alter, das des Freundes oder des Hundes?

(Lautstarkes Gelächter der Kinder. Ich höre: „Ein Baby" oder „Sein Freund ist ein Baby." Auch Mohammad lacht. Die Lehrerin lacht ebenfalls.)

Mohammad: Ja, und dann haben wir ihn losgelassen. Wir wollten mal gucken, ob er jagen kann. Dann hat er auf einmal einen Hasen gesehen und hat versucht ihm hinterherzurennen, aber er war nicht so schnell wie der Hase, er war zu langsam. Hasen sind ganz schnell.

Lars: Ein Hase? **Ein Kaninchen!**

Mohammad: Hasen sind ganz schnell. **Doch** wenn der ausgewachsen ist, dann ist der **ganz schön schnell**. Das ist ein Golden River. Das ist ein Jagdhund.

Lars: Ja, aber Kaninchen. Das heißt Kaninchen!

Mohammad: Ja Kaninchen. Aber, aber seine Marke ist ein Golden River.

Lehrerin: Retriever meinst du?

Mohammad: Golden River!

Andere Kinder: Golden Retriever!

Mohammad: Der jagt dann also ganz schön gut, wenn er ausgewachsen ist. Da kann es dann also jeden Tag Hasenbraten geben *(lacht)*.

Einige Kinder: Iiih!

Mohammad: Ja, dann sind wir den Berg wieder runtergegangen. Dann haben wir eine gesehen, die heißt Hiba *(lacht, weitere Kinder lachen)*. Dann haben wir den Hund losgelassen *(lacht, unverständlich)*. Und die ist dann weggerannt.

(Mehrere Kinder sprechen durcheinander und lachen.)

Lehrerin: Es tut mir leid, ich kann nicht viel verstehen.

Mohammad: **Also es reicht jetzt auch mal!** *(Er verschafft sich Ruhe.)* Wir haben den Hund dann losgelassen. Da haben wir **sie** *(schaut zu Hiba)* auf einmal gesehen. Und da ist er ganz schnell los auf sie, weil der Hund, der mag sie immer gern ärgern, weil sie immer vor ihm abhaut. Sie rennt dann auf einmal ganz schnell auf die Leiter runter und fliegt hin *(lacht; viele Kinder lachen)*.

Lehrerin: Kannst du dein Thema noch mal nennen, weil da ganz viele Randgeschichten drumrum sind. Worüber möchtest du **schreiben**?

Mohammad: Ähm, der verrückte Hund des Jahres *(lacht)*.

Lehrerin: Nee, die Überschrift müsste meine Lieblingsbeschäftigung oder wie auch immer sein.

Mohammad: Ähm […]

Einige Kinder *(helfen)*: Draußen!

Mohammad: Draußen.

Lehrerin: War das Thema „Draußen"?

Mehrere Kinder: Ja!

Lehrerin: Nee, „Besuch" war das Thema, sich draußen aufhalten war auch eins, gut, stimmt *(schreibt es ins Protokoll)*.

(Fast alle Mädchen melden sich. Mohammad wirft das Säckchen zu Hiba.)

Anfangs kommt Mohammad der Anforderung nach, aus den vorgegebenen Überschriften auszuwählen. Er weiß genau, dass er über den jungen Hund sprechen will. Ihm macht es Spaß, seine Geschichte zu entfalten und er erfährt dabei hohe Aufmerksamkeit. Durch Einwürfe oder Korrekturen lässt er sich überhaupt nicht beirren, obwohl er mehrfach (von der Lehrerin und von Lars) unterbrochen und korrigiert wird. Die Lehrerin löst großes Gelächter bei den Kindern aus, als sie eine vermeintliche Ungenauigkeit aufdeckt und – so lässt sie es erscheinen – fürs Protokoll hinterfragt.

Trotz dieser Zwischenfälle bleibt Mohammad bei seiner Geschichte über den jungen Hund, freut sich auf die Pointen seiner Erzählung und stellt Ruhe her, als es ihm zu laut wird. Mit seiner Wochenendgeschichte gelingt es Mohammad sehr gut, sich „in Szene" zu setzen, denn das Ausführen eines Hundes, noch dazu eines jungen Hundes, wird bei Kindern häufig mit einem Gefühl der eigenen Wichtigkeit und schutzgewährenden Überlegenheit verbunden (vgl. Lachner 1979, 51). Zudem wird mit der Erzählung peerkulturellen Orientierungen der Jungen entsprochen, indem das Thema „jagen" und das Thema „Mädchen ärgern" aufgegriffen wird. Auch durch einen Scherz („Der jagt dann also ganz schön gut, wenn er ausgewachsen ist. Da kann es dann also jeden Tag Hasenbraten geben.") gelingt es ihm, Aufmerksamkeit zu gewinnen. Schließlich bringt er außerdem ein Mädchen aus der Klasse „ins Spiel" und berichtet über eine Kontaktaufnahme über die Geschlechtergrenze hinweg in Form von Ärgern (vgl. Breidenstein & Kelle 1998, 204ff.; Krappmann & Oswald 1995, 194ff.), womit er gleichzeitig die peerkulturellen Geschlechtergrenzen im klassenöffentlichen Morgenkreis auch übertritt.

Die Lehrerin kommentiert die erzählten Inhalte nicht inhaltlich, sondern sie bleibt in ihrer formalen Rolle als Verwalterin des Protokolls, die notieren muss, wozu später im Unterricht eine schriftliche Geschichte verfasst werden soll. Zudem versucht sie möglicherweise, die aggressiven Anteile des Themas „Hasen jagen" und „Mädchen jagen" aus dem Gesprächskreis zu verbannen, indem sie den Schüler auffordert, ein Schreibthema jenseits der Randgeschichten zu benennen. Mohammad versucht zunächst, durch das Nennen einer phantasievollen Überschrift die begrenzenden Vorgaben zu umgehen und die Klassenöffentlichkeit erneut zu unterhalten, lässt sich dann aber sogleich auf die Vorgaben ein und bestätigt als Schreibanlass das Thema „Draußen", welches nach kurzem Zögern von der Lehrerin gebilligt und im Protokoll notiert wird.

Wochenendgeschichte von Lars

Lars: Also Überschrift „Besuch", ich habe Besuch gekriegt. Ich habe Besuch gekriegt von, von einem kleinen Mädchen *(großes Gelächter)*. **Nee**, das ist […] Also von denen die Eltern, die kennen meine Eltern. Und, und das kleine Mädchen, von dem wir Besuch gekriegt haben, das heißt, ähm, Diana.

(Einige Kinder lachen, unverständliches Stimmengewirr.)

Alena: Wie heißt die? Jana?

Lars: Nein Diana. *(Er wirkt irritiert.)* Und die wird drei und die hat **nie** jemanden zum spielen, **deswegen** sind die zu uns gekommen. Und die kennen auch keine, die kennen auch nicht viele, mit denen, mit denen Diana spielen kann. Und dann sind wir rausgegangen und haben Fußball gespielt.

Lehrerin: Jetzt kommt ein **neues** Thema, bleibe bei dem einem, bleibe bei deinem Besuch.

Lars: Dann sind wir rausgegangen und haben ein bisschen Fußball gespielt und dann kamen hier die *(lacht)*, die Zwillinge und die Cora.

Lehrerin: Stopp, neues Thema. Dein Thema ist Besuch von der Diana.

Lars *(spricht schneller)*: Und dann sind wir wieder reingegangen, weil wir fertig waren. Und dann haben wir etwas Playmobil und Lego gespielt, und dann mussten die nach Hause. So, Ende.

(Lars gibt das Säckchen an Irina.)

Lars berichtet über den Besuch eines kleinen Mädchens, mit dem er gespielt hat. Dieses Spiel mit dem kleinen Mädchen wird von ihm nicht als Verletzung der Geschlechtergrenze empfunden, doch bewirkt seine Darstellung Anspielungen, sexuell konnotierte Kommentare und viel Gelächter. Lars versteht sofort, warum gelacht wird, und rechtfertigt sich, indem er auf die Beziehungen unter den Eltern verweist und darauf, dass dem Mädchen ein Kind zum Spielen fehlte. Mit diesen Argumenten und auch mit dem Hinweis darauf, dass er mit dem Mädchen Fußball gespielt habe, hofft er die Gleichaltrigen zu überzeugen, dass er nicht wirklich gegen das gemeinsame „Regelwerk" der Geschlechterseparierung verstoßen hat. Endlich möchte er dann – aus seiner Sicht – über die zuvor von Cora erwähnte Begegnung mit den drei Mädchen berichten. Sein Lachen deutet seine Vorfreude an, aber die Lehrerin stoppt dieses Vorhaben. Damit wird Lars eine wichtige Pointe genommen, dennoch folgt er der Aufforderung zur Regeleinhaltung durch die Lehrerin und bringt seine Geschichte sogar noch zu einem erzähltechnisch sinnvollen Abschluss, wodurch seine schulische Orientierung und Leistungsfähigkeit im schulischen Zusammenhang deutlich werden.

Lars erfüllt in dieser Kreissituation einerseits schulische Anforderungen und stimmt sich gleichzeitig mit der Kindergruppe ab. Das Thema, welches er gewählt hat, löst für ihn unerwartete Reaktionen der Gleichaltrigengruppe aus. Die Thematisierung des Spiels mit dem kleinen Mädchen wird von den anderen Kindern als Verstoß gegen die peerkulturelle Geschlechterordnung hochgespielt. Sein Hinweis, dass er dann auch Fußball gespielt habe, soll seine Verortung in der Spielwelt der Jungen bekräftigen und dient der eigenen Gesichtswahrung. In dieser Kreissituation treffen also in beobachtbarer und, wie ich in Kenntnis der Kreisszenen, die ich gesammelt habe, meine, exemplarischer Weise Peerkultur und Schulkultur aufeinander.

Wie bereits erwähnt, haben 13 Kinder die Gelegenheit erhalten, über ihre Wochenenderlebnisse zu berichten; dann bricht die Lehrerin die Erzählzeit ab. Einige Kinder äußern zunächst Bedauern, weil sie gerne noch drangekommen wären. Alle Schülerinnen und Schüler nehmen dann aber ihre Stühle und gehen zurück zu ihren Plätzen.

Zusammenfassung (Montag)

An diesem Montag geht es in dem Morgenkreis in Klasse A um den Wunsch von Yilmaz, in Zukunft Profifußballer bei einer erfolgreichen Bundesligamannschaft sein zu wollen, sowie um Wochenenderlebnisse der Kinder. Die Geschichten der Kinder handeln von Familienerlebnissen, Erlebnissen mit Freunden, Tieren, Medien und sportlichen Aktivitäten. Die Lehrer-Schüler-Interaktionen laufen nicht im Frage-Antwort-Rückmeldemuster ab, die Rolle der Lehrerin besteht vielmehr darin, Regelungen zum Gesprächsverlauf einzufordern und Ergebnissicherung zu betreiben. Obgleich sie nicht in „der Normalform" des Unterrichts agiert, ist ein längerer inhaltlicher Austausch der Kinder mit dichten Argumentationen nicht zu beobachten. Doch sind ihre Geschichten trotzdem aufeinander bezogen, denn sie werden dialogisch konzipiert und inszeniert und verweisen auf kollektive Erfahrungen einerseits sowie auf schulische und peerkulturelle Orientierungen andererseits. Zeitgleich mit dem Erzählen ihrer Geschichten und Erfahrungen strukturieren die Kinder ihre Beziehungen in der Schulklasse.

Wer das Wort erhalten hat, steht im Zentrum der Kreisöffentlichkeit, und es ist „als ob" man eine Bühne betritt. Viele Kinder scheinen gern im Mittelpunkt zu stehen und sich zu freuen, Aufmerksamkeit und Wertschätzung in der Klassenöffentlichkeit zu erfahren. Während bei der Thematisierung der

Zukunftswünsche eine gewisse Dramatik festzustellen ist, bestimmt bei den Wochenendgeschichten lustvolle Komik die Szene. Konflikte unter den Kindern entstehen, wenn es um Gleichheit und Gerechtigkeit geht. Hierbei wird insbesondere die Geschlechtszugehörigkeit (von den Kindern und auch von der Lehrerin) genutzt, um eine als gerecht akzeptierte Ordnung zu finden.

Die Atmosphäre der Interaktionen im Morgenkreis kann als „locker" beschrieben werden. Die Lehrerin akzeptiert Stimmengewirr und einen manchmal recht hohen Geräuschpegel während des Montagmorgenkreises. Ruhe stellt sie her, indem sie darauf verweist, dass sie „als Protokollantin" nichts verstanden habe. Ausschweifendes und frei assoziierendes Erzählen wird von ihr aber nicht zugelassen. Sie begrenzt die Redezeit der Kinder durch verschiedene Maßnahmen, Rituale und Requisiten (Erzählstab, Beschränkung auf ein Thema, Protokoll), an deren Einführung die Kinder beteiligt waren und die sie auch zu akzeptieren scheinen, was aber nicht zur Folge hat, dass Spielräume nicht ausgetestet würden.

Die Lehrerin erinnert deshalb immer wieder an das soziale Regelwerk des Kreises, in das sie die Kinder einbinden möchte. Der Montagmorgenkreis bietet den Kindern also einen gewissen Raum, um Erfahrungen, Erleben und Phantasien thematisieren zu können. Die Lehrerin setzt der Phantasie und den Gefühlen der Kinder allerdings immer wieder Grenzen. Die Lust der Kinder am Unsinn ist auf einer latenten Ebene möglicherweise „eine Demonstration" gegen den Denk- und Realitätszwang der schulischen Kreissituation. Die Lehrerin, die den Kindern Partizipationsmöglichkeiten eröffnen möchte, lässt eine gewisse soziale Dynamik in der Kreissituation zu, bemüht sich aber gleichzeitig um Steuerung der Situation und um Versachlichung und Kontrolle der auftretenden Gefühle.

5.2 Dienstag

In diesem Morgenkreis wird zu Beginn ein Problem verhandelt, denn der kleine Stab wird vermisst, der für die Durchführung des Kreisgesprächs von der Präsidentin benötigt wird.

„Wo ist der kleine Stab?" – Insignien des Präsidentenamts

Hiba *(legt das Brett mit den Namenskarten, die Glocke und den großen Stab in die Mitte. Sie gibt die Glocke und den Stab Susanne und wendet sich Yilmaz zu)*: Der kleine Stab fehlt!

Alena: Wo ist der kleine Stab? Yilmaz, du hast den kleinen Stab gehabt?

Yilmaz: Der war gestern auch nicht da.

Josef: Gestern hat der Yilmaz den auch nicht gehabt.

Alena: Hiba, wo ist der kleine Stab?

Hiba: Woher soll **ich** das wissen?

(Hiba geht zu ihrem Platz und holt das Blatt mit dem Zukunftswunsch. Sie gibt es der Lehrerin mit den Worten: Es waren 5 Millionen.)

Einige Kinder: 5 Millionen. Füüünf Milliooonen! Ohh jeeeh!

Hiba: Von 17 Millionen 5 Millionen.

Lehrerin: So, was ist mit dem kleinen Stab?

Einige Kinder *(sprechen durcheinander)*: Der ist weg. Der Kleine ist weg?

Alena: Der Yilmaz war gestern Präsident und davor war die Hiba, und die Hiba hatte den noch.

Hiba: Ja, ich hatte den noch.

Sebastian *(zu Hiba)*: Wo hast du den hingetan?

Hiba: Nach mir war der Yilmaz.

Sebastian: Wem hast du den gegeben?

Alena: Mir, und ich habe ihn **da** hingelegt.

Hiba: Und wer hat ihn?

Sebastian: Du!

Hiba: Nee, ich nicht.

Kind (?): Dann muss er runtergefallen sein!

Kind (?): Vielleicht hat es jemand von der Betreuung gemacht.

Lehrerin: Wer kümmert sich drum nachher?

Mehrere Kinder: Ich! Ich! Ich, bitte!

Lehrerin: Moment, es kümmern sich drum Alena und Yilmaz *(schreibt die Namen ins Protokoll)*.

Es handelt sich hier zunächst um eine alltägliche Suchszene eines gemeinsamen Klassengegenstandes mit Schuldzuweisungen, Erinnerungsaufforderungen und Ablenkungsmanövern, bei der auch Sympathie- bzw. Freundschaftsbeziehungen (Yilmaz und Josef, Hiba und Alena) sowie Konkurrenzbeziehungen (Hiba und Sebastian) mobilisiert werden.

Zunächst fällt auf, dass Hiba die Morgenkreisutensilien holt und nicht die Präsidentin Susanne. Vielleicht möchte Hiba Susanne helfen, vielleicht aber auch die – mit Bedeutung besetzten – Requisiten in der Hand halten und so die eigene Wichtigkeit in der Klasse (Hiba hat eine starke soziale Position) unterstreichen. Yilmaz zugewandt, stellt sie nun fest, dass der kleine Stab fehlt. Damit verbindet sie den Vorwurf, dass er für das Verschwinden verantwortlich sei. Als Yilmaz aber erklärt, dass der Stab schon gestern gefehlt habe und Josef sich unverzüglich als Zeuge zur Verfügung stellt, gerät Hiba selbst in Verdacht.

Sie verlässt nun kurz den Kreis und knüpft an ein eigenes Thema der letzten Tage an, ihren Wunsch für die Zukunft für Afghanistan, was gleichzeitig eine Ablenkung vom Verlust des kleinen Stabes bedeutet und ihr die Aufmerksamkeit einiger Mitschülerinnen sichert.

Interessant ist auch das Verhalten von Alena, denn diese will zwar zunächst von Hiba wissen, wo der Stab geblieben ist, entlastet ihre Freundin jedoch wenig später, indem sie erklärt, dass Hiba ihr den Stab nach dem Morgenkreis am Freitag gegeben habe und zeigt, wo sie ihn hingelegt hat. Sebastian probiert schließlich noch einmal, Hiba verantwortlich zu machen, doch einige Kinder suchen bereits nach anderen Möglichkeiten und Schuldigen außerhalb der Klasse.

Die Ausübung des Präsidentenamts ist sehr beliebt und der kleine Stab genießt als eine der Insignien des Präsidenten bzw. der Präsidentin als Zeichen von Macht hohes Ansehen.[13] Die mit der Präsidentschaft verbundenen Rituale werden von den Kindern als bedeutungsvoll eingeschätzt und sie zeigen sich engagiert beim Wiederfinden des kleinen Stabes. Ärger oder Sanktionen von Seiten der Lehrerin wegen des Verlusts scheinen sie nicht zu fürchten.

Die Lehrerin lässt die Verantwortung für das Wiederfinden des kleinen Stabes bei den Kindern und greift erst ein, als das Problem nicht gelöst werden kann. Sie mischt sich weder in den Konflikt ein, noch kritisiert sie das Verschwinden des Stabes, sondern will wissen, wer sich weiter um die Suche kümmert. Gleich mehrere Kinder möchten Verantwortung für sein Wiederfinden übernehmen. Mit Yilmaz und Alena bestimmt die Lehrerin zwei Kinder, die Protagonisten der Debatte waren. Auf Hibas Zwischenbemerkung zur Situation in Afghanistan geht die Lehrerin erst später – beim Verlesen des Protokolls – ein.

Nachdem die Lehrerin im Protokollbuch notiert hat, dass sich Alena und Yilmaz um den kleinen Stab „kümmern" werden, fragt sie nach der Zahl der anwesenden Kinder. Diese Frage ist an diesem Tag nicht einfach zu beantworten, denn im Kreis sitzt ein neuer Schüler. Daniel wurde von Jakup einfach mit in die Klasse gebracht und sitzt nun im Kreis. Die Kinder kennen sich aus Russland.

---

13 Auch de Boer hat im Klassenrat der Grundschule beobachtet, dass das Amt des Präsidenten bzw. der Präsidentin gern übernommen wird, weil mit der Amtsausübung Autorität verbunden ist und die Rolle der leitenden Kinder exponiert ist (de Boer 2006, 125f.).

„Wie viele sind wir?" – Grenzen der Gemeinschaft und Daniels Begrüßung

Lehrerin: Wie viele sind wir?

Verschiedene Kinder *(einige zählen, andere sprechen gleichzeitig)*: Neunzehn. Einen neuen Jungen haben wir. Zwanzig. Wir waren achtzehn, neunzehn.

Lehrerin: So, dann will ich erst mal den Daniel begrüßen und „Hallo" sagen. *(Sie steht auf, geht zu Daniel und gibt ihm die Hand.)* Guten Morgen, Daniel. Ich bin die Frau Abel. Und du bist der Daniel. Ich weiß noch nicht, was sein wird. Das klären wir nachher. Jetzt kommt erst die Susanne.

Susanne *(steht auf und stimmt „Good morning ..." an. Die Kinder singen. (...) (...))*

Lehrerin: Es fehlt keiner, gell?

Susanne: Es sind neunzehn Kinder. Frau Abel, bitte lesen Sie das Protokoll.

Alena: Einer mehr.

Lehrerin *(nimmt das letzte Protokoll)*: Gut, das Protokoll von Freitag für Montag wurde verlesen. Die Hiba sagt noch schnell etwas zu ihrer Korrektur.

Hiba: Es sind 5 Millionen.

Mehrere Kinder: Ohh jeh! Oh! Das ist schlimm!

(Die Lehrerin notiert es im Protokoll vom Freitag und verliest dann das Protokoll vom Montag.)

Auf den ersten Blick scheint es so, als stelle die Lehrerin hier die zum Kreisritual gehörende Frage nach der Zahl der anwesenden Kinder, um dann herausfinden zu lassen, wer nicht da ist. Obwohl sie eine Antwort erhält, muss sie sich später aber noch einmal versichern, dass kein Kind fehlt. Ihre Aufmerksamkeit ist vermutlich zu Beginn dieser Gesprächssequenz stärker auf das neue Kind bzw. die mit ihm verbundene Situation gerichtet. Irritierend ist auch, dass sie das gemeinschaftliche „wir" benutzt, obwohl sie doch die Zahl der anwesenden Kinder erfahren und selbst nicht subsummiert werden möchte. Indem Anne Abel hier an den kollektiven Zusammenhang der Kreisgemeinschaft appelliert, welche die Beziehungen der Kinder ebenso wie die Lehrer-Schüler-Beziehung umfasst, zeigt sie sich zunächst als Teil des Systems „Schulklasse", schafft einen Anlass zur Begrüßung von Daniel und unterstreicht gleichzeitig seine Nichtzugehörigkeit zur Gemeinschaft. Was sie in der Begrüßungssituation sagt, ist hauptsächlich an die übrigen Kinder gerichtet, denn Daniel versteht kein Deutsch. Für ihn sind die nonverbalen Botschaften (Aufstehen der Lehrerin, Hinwendung und Handschlag) bestimmt. Von einzelnen Kindern wird hingegen sofort die Zugehörigkeit von Daniel zur Klasse postuliert. Es bahnt sich also ein Konflikt bezüglich der Vorstellungen über die Zusammensetzung der Schulklasse zwischen der Lehrerin und den Kindern an.

Bevor die Konfliktaushandlung ausführlich dargestellt wird, soll es jedoch – dem Verlauf des Kreisgespräches folgend – zunächst um Susannes Präsidentschaft gehen. Die Lehrerin übergibt nach der Begrüßung Daniels zunächst die Leitung wieder an Susanne, die das Morgenlied anstimmt und dann um das Verlesen des Protokolls bittet. Die Lehrerin verweist beim Lesen auf eine noch offene Frage und bittet Hiba etwas zu ihrer „Korrektur" zu sagen. Wie gewünscht, erklärt Hiba sehr knapp, dass sich die Zahl der in Afghanistan lebenden Menschen auf 5 Millionen reduziert hätte, woraufhin sich einige Kinder erneut entsetzt zeigen. Die schlimme Mitteilung scheint den Ausdruck des Entsetzens moralisch zu erzwingen (vgl. Goff-man 1971, 54ff.). Anders als die Lehrerin erfüllen die Kinder diese Erwartung, während die Lehrerin die Antwort kommentarlos im Protokoll vom Freitag korrigiert und dann mit dem Verlesen des letzten Protokolls beginnt. Danach kann die neue Präsidentin Susanne ihren Zukunftswunsch äußern.

„Susanne, Susanne, bitte, bitte!" – Das Ringen um Anerkennung

Susanne *(spricht leise)*: Mein Wunsch für die Zukunft ist, dass ich zwei neue Hunde hätte. Die sollen sich mit Prinz vertragen.

Lehrerin *(schreibt und wiederholt)*: Zwei neue Hunde hätte? Die sollen sich mit Prinz vertragen? Ja?

Susanne *(leise)*: Und sie sollen zu dritt spielen. […] Die Namen weiß ich noch nicht. Es sollen Männchen sein.

Lehrerin: Das Letzte habe ich nicht verstanden.

Susanne: Es sollen zwei Männchen sein. Und, äh, […] fertig.

Viele Kinder *(melden sich)*: Susanne, Susanne, bitte, bitte!

Susanne: Hiba!

Hiba: Sollen das bissige Hunde sein?

Susanne: Nein.

(Susanne schaut zunächst zu den Mädchen)

Lars: Jetzt einen Jungen!

Lehrerin: Ich habe die Antwort nicht gehört.

Susanne: Nein.

Einige Jungen: Susanne, hier unten.

Susanne: Mohammad!

Mohammad: Welche Augenfarbe soll er haben?

Anton *(meldet sich eifrig)*: Bitte, bitte!

Weitere Kinder: Bitte! Susanne, bitte!

Susanne: Die meisten Hunde haben braune Augen *(schaut sich um)*. Tina!

Lehrerin: Wer war dran?

Susanne: Tina.

Tina: Und welche Fellfarbe.

Susanne: Äh, egal welche. […] Lars!

Lars: Wollt ihr dann noch da wohnen, also am Richtsberg wohnen.

Verschiedene Kinder *(melden sich)*: Bitte! Der Letzte. Ein Mädchen ist dran. Bitte!

Susanne (schaut sich um): Vielleicht, äh, […] Alena!

(Alena lächelt, reckt sich und blickt genüsslich zu den Jungen.)

Alena: Welche Hunderassen sollen es sein?

Susanne: Mischlinge.

Lehrerin: Waren es schon fünf?

Susanne: Ja.

(Susanne zieht als neuen Präsidenten Viktor)

Susanne spricht leise und wirkt befangen, scheint aber trotzdem ihre Rolle als Präsidentin zu genießen und hat sich auch schon ihren Wunsch zurechtgelegt. Sie geht davon aus, dass ihr Wunsch nach weiteren Hunden in der Klassenöffentlichkeit akzeptiert wird und Resonanz findet. Die Ergänzung, dass sich die neuen Hunde mit ihrem alten Hund vertragen sollen, ermöglicht ihr zudem, sich als Hundebesitzerin zu zeigen.

Susannes Wunsch bezieht sich (anders als Yilmaz' Wunsch vom Montag) auf die nähere Zukunft und stellt ein häufig von Kindern formuliertes Verlangen dar. Oft werden mit dem Verlangen nach Tieren Bedürfnisse nach Beziehung, Vertrautheit, Verstandenwerden, Wärme und Körperlichkeit symbolisiert (vgl. Gebhard 1997, 135). Nach Bettelheim sind Kinder überzeugt, dass Tiere sie verstehen und mit ihnen fühlen (Bettelheim 1996, 57). Röhner (1997, 201f.) berichtet, dass Kinder auch in freien Texten in der Grundschule auffallend häufig über Erfahrungen mit Tieren berichten. Besonders Hunde sind Tiere, die einerseits Werte wie Treue und Freundschaft verkörpern, andererseits geben sie nach Gebhard (1997, 136) „Stoff für Gespräche und stecken als ‚biografiefähige Akteure' gewissermaßen selbst voller Geschichten". Kinder, die ein Tier halten, werden auch häufiger als Vertrauenspersonen und Spielkameraden gewählt (vgl. Gebhard 1997, 136).

Die Nachfragen der Kinder kommen schnell, gezielt und wirken routiniert. Hiba will wissen, ob es bissige Hunde sein sollen. Mohammad erkundigt sich nach der Augenfarbe, Tina nach der Fellfarbe und Alena nach der Hunderasse. Nur die Frage von Lars fällt aus dem Rahmen, denn er informiert sich, ob Susanne dann noch in diesem Stadtteil wohnen möchte. Die von Lars formulierte Frage wird – wie mir ein Blick in das Protokollbuch zeigte – immer wieder von einzelnen Kindern gestellt und thematisiert vermutlich einen anderen Zukunftswunsch der Kinder, nämlichen zukünftig ein gutes Leben in einem anderen, besseren Stadtteil führen zu können.

Bei der Wortvergabe an die fünf Kinder wird Susanne bedrängt. Sie nimmt – mit einem Mädchen beginnend – abwechselnd Jungen und Mädchen dran (in der Reihenfolge: Hiba, Mohammad, Tina, Lars, Alena). Eine geschlechtergerechte Wortvergabe wird von mehreren Kindern nachdrücklich eingefordert und Susanne folgt den an sie gerichteten Erwartungen. Alenas Jubel über ihre Auswahl als drittes Mädchen ist begleitet vom Ausdruck der Siegesfreude der Mädchen über die Jungen; deutlich wird hier, dass Geschlechterunterscheidung auch performativ auf die Kreisbühne gebracht wird. Als Susanne anschließend aus den Namenskärtchen als neuen Präsidenten Viktor zieht, musste sie dabei die in der Klasse vereinbarte Regel einhalten, dass eine Präsidentin immer einen Jungen zum neuen Präsidenten bestimmen muss.

In dieser Szene werden einige der Herausforderungen deutlich, die in der Rolle der Präsidentin zu bewältigen sind, insbesondere die Auswahl von Geschichten, die ankommen, und die peerkulturell richtige Verteilung des Wortes.

Die Geschlechterverhältnisse in der Klasse sind dann auch das dominierende Thema der Aushandlungen um die Aufnahme eines neuen Schülers in die Klassengemeinschaft, die wenig später ansteht. Zunächst wird die gesamte Sequenz wiedergegeben.[14]

Wie man Mitglied einer Klasse werden kann

Lehrerin: Nächstes mit Klärung ist, dass wir uns jetzt noch mal zusammen Gedanken machen über den Daniel, weil ich das ein bisschen ungeschickt finde, wenn er jetzt hier in der Klasse sitzt zur Probe und dann nachher wieder raus muss.

Lars: Zur Probe?

Lehrerin: Ja, wenn ein Kind hier so schnell neu in die Schule gebracht wird und der Jakup sagt, ich bin in der Klasse und da ist schon die Magda und da soll er auch hin. Da hat der Jakup das Ganze angezettelt sozusagen *(lacht)*. Und **wir** müssen jetzt mal gemeinsam drüber sprechen, ob das gut für **ihn** ist, ob das auch für die Magda gut ist. Helft mal dabei ein bisschen mitzudenken, ob wir da zu einer Lösung kommen, weil, wir müssen da nachher in der Pause drüber sprechen mit den anderen Kollegen auch. Vielleicht fängt ja der Jakup an, denn der hatte ja die Idee. Vielleicht kannst **du** ja mal

---

14 Ganz grundsätzlich gehört die Aufnahme eines Schülers zu den Dienstaufgaben der Schulleitung. Diese hat nach der Aktenlage und der Situation in der Schule über die Aufnahme eines Schülers und Zuordnung zu einer Klasse zu entscheiden.

deine Gründe nennen, Jakup. Und dann gucken wir mal bei den anderen, was wir da noch dazu beitragen können. Na Jakup, du hattest die Idee?

Jakup *(atmet tief)*: [...] Ich wollte nur einem Jungen [...] Ich wollte nur einen Jungen mehr äh [...]

Viktor *(ergänzt)*: In unserer Klasse.

Jakup: Ich, äh, wollte [...] nur einem Jungen helfen.

Lehrerin: Du wolltest der Klasse zu einem Jungen mehr verhelfen. So richtig?

Jakup *(leise)*: Ja.

Lehrerin *(atmet tief)*: Aha, ihr seid in der Minderheit, mh. Jetzt wolltest du das für dich. Jetzt müssen wir mal überlegen, was können wir denn für den Daniel wünschen.

Lars: Dass er hier bleibt.

Lehrerin: Ja, wenn er hier mit der Magda zusammen lernt, das kann dazu führen, dass beide viel russisch sprechen und nicht Deutsch lernen. Da hab ich ein bisschen Bammel. Es kann sein, dass er in einer anderen Klasse mit vielen Freunden besser durchstarten kann, als hier an die Magda gebunden zu sein. Aber es wollten noch andere etwas sagen. Fangen wir mal in der Kreisrunde an.

Lars: Also wir sind ja zehn Mädchen und acht Jungs.

Irina: Neun

Lars: Neun jetzt, wenn der Daniel *(hört auf zu sprechen, blickt zu Daniel)*

Lehrerin *(zu Daniel)*: Oh, hast du Nasenbluten?

Lars: Ja, er hat.

Lehrerin *(steht auf)*: Wo hab ich denn jetzt so schnell was. *(Sie sucht Taschentücher und bringt sie Daniel; dann fordert sie Jakup auf, Daniel zum Waschbecken zu begleiten und geht ebenfalls mit.)*

(Es wird sehr unruhig. Die Lehrerin bittet die Kinder weiterzumachen, doch alle reden durcheinander. Sie streiten sich. Ich höre: „Ihr meckert doch auch.", „Wir haben nicht gemeckert.", „Au, mein Finger!", „Ihr spinnt!", „Leise!", „Lars will doch was erzählen.", „Ruhe!")

Lehrerin *(vom Waschbecken aus)*: Macht mal das Gespräch weiter.

(Sebastian steht auf, holt die Glocke und gibt sie Lars. Lars läutet. Es wird leiser.)

Sebastian: Alles klar, Frau Abel!

Lehrerin: Macht weiter!

Lars: So! Ähm, also ich würde gerne noch einen Jungen in der Klasse haben, weil dann können wir auch besser Fußball spielen und so. Das ist dann besser finde ich. Und [...] Ende.

Einige Kinder *(lachen und wiederholen)*: Ende

(Sebastian meldet sich und reißt Lars die Glocke aus der Hand. Josef nimmt sie ihm wieder weg und sagt: „Mohammad ist dran." Josef gibt die Glocke an Mohammad.)

Mohammad: Ja also bei uns, wir sind erst mal acht Jungs.

Hiba: Neun!

Einige Jungen: Ohne! Ohne Daniel! Ohne ihn!

Lehrerin *(vom Waschbecken aus)*: Es geht im Kreis rum!

Mohammad: Ja, wir waren viel zu wenige. Wir haben **immer zwei Mädchen mehr** gehabt. Wir mussten **immer** drei gegen vier spielen. Da ist jetzt praktischer.

Einige Jungen: Vier gegen vier, einer steht im Tor!

Lehrerin *(vom Waschbecken aus)*: Also das gleiche Argument auch.

Mohammad: Und die Mädchen ärgern uns meistens, weil wir nämlich weniger Jungs sind. Wir kriegen ganz selten einen neuen Jungen, meist kriegen wir mehr Mädchen. Deswegen können wir jetzt zwei Jungs mal haben […] **zwei**! *(lacht).*

Einige Mädchen: Zwei?

Einige Jungen *(klatschen)*: Zwei!!

Sebastian *(bekommt die Glocke)*: Ich finde das gut, dass jetzt mal ein neuer Junge in die Klasse gekommen ist, wir können nicht immer Mädchen kriegen. Und äh, und die Mädchen sind die größere Mehrheit. Wenn wir jetzt abstimmen z. B. und die Mädchen wären auf dieser Seite und die Jungen wären auf der, dann würden die Mädchen ja gewinnen, weil sie mehr sind.

Einige Jungen: Ja, genau!

Sebastian: Und wir brauchen auch noch einen guten Freund, die Jungen. *(Es wird unruhig, er klingelt mit der Glocke.)* Wir kriegen ja fast nur Mädchen.

Josef (bekommt die Glocke): Wenn er jetzt in eine andere Klasse kommt, findet er alles fremd und hier ist der Jakup und die Magda, die können ihn verstehn.

Lehrerin: Hast du auch dran gedacht, dass das zwar Vorteile, aber auch Nachteile hat.

Josef: Er kann doch hier in der Mitte sitzen *(unverständlich)*.

Lehrerin *(sitzt wieder im Kreis)*: Es bringt uns einige Probleme mit der Sitzordnung.

(Sechs Mädchen geben die Glocke weiter und nehmen ihr Rederecht nicht wahr.)

Lehrerin: Ihr müsst jetzt nicht alle, ich brauche nicht alle.

Hiba *(dazwischen)*: Er kann doch nach vorne.

Sebastian: Hiba, du wolltest doch was sagen!

Hiba *(nimmt die Glocke)*: Als wir diese Sitzordnung gemacht haben, waren die Susanne und die Alena übrig, und das fanden dann alle gemein. Und jetzt kann er neben der Susanne oder der Alena sitzen.

Lars: Genau, neben der Alena. Die sitzt immer alleine.

(Cora gibt die Glocke weiter.)

Irina *(bekommt die Glocke)*: Du hast gesagt, es ist wegen dem Fußballspielen. Aber wegen der Freundschaft ist es überhaupt nicht.

Einige Jungen *(empört)*: Aber klar! Klar!

Irina: Du hast doch gesagt, es ist wegen dem Fußballspielen. Dass jemand so oft im Tor steht und dass wir jetzt einen Jungen haben, der dort spielen kann.

Lars: Aber das ist doch gut, das bedeutet doch Freundschaft.

Irina *(verächtlich)*: Jooh, dass er **dort** steht.

Mehrere Jungen *(aufgebracht)*: Das geht dich einen feuchten Dreck an! Bisher war immer Jakup im Tor. Ihr meckert doch immer! Wenn Ihr ein Mädchen kriegt, dann meckern wir nicht.

Irina: Aber trotzdem!

Verschiedene Jungen: Genau, das geht dich einen feuchten Dreck an! Genau! Ja!

Lehrerin *(lässt sich von Irina die Glocke geben und klingelt)*: Stopp! Wir wollten erst mal sammeln. Was ihr bedenken solltet, wie könnt ihr ihm denn helfen. Und da haben wir am Anfang bei Magda eine Menge Ärger gehabt, gerade weil du, Irina, auch überfordert warst. Du musstest immer dolmetschen und der Jakup hat wenig geholfen. Es müsste jetzt schon eine Klarheit rein, wer ihm dann hilft. Und wenn ihr sagt, er soll neben der Alena sitzen, dann muss klar sein, ob die Alena das auch will. Ich will das jetzt mal so stehen lassen. Und ihr *(zu Jakup und Daniel)* müsst mal überlegen, ob es gut ist, wenn ihr euch in der Schule auch noch seht. Schön, dass es dir wieder besser geht, Daniel, und vielen Dank Jakup, dass du ihm geholfen hast.

Im ersten Satz der Szene irritiert die bürokratische und abkürzende Formulierung („Nächstes mit Klärung ist"), die im Gegensatz steht zu der folgenden Öffnung eines Problemhorizonts und zur Aufforderung zur kollektiven Auseinandersetzung („dass wir uns jetzt noch mal zusammen Gedanken machen"). Einerseits wird die routinehafte Ausführung der Erörterung vorausgesetzt, andererseits wird das sorgehafte Bedenken einer Problemlage gefordert. Der anschließende Personenbezug („über den Daniel") wird distanziert hergestellt. Es scheint so, als sei Daniel überhaupt nicht anwesend.[15]

Die Sprecherin erweckt den Eindruck, als erwarte sie die professionalisierte Haltung einer habitualisierten Besorgnis. Die Plausibilisierung gerät dann sehr schwach und es erweist sich, dass es die Lehrerin ist, die ein Problem hat („weil ich das ein bisschen ungeschickt finde"). Da ungeschicktes Operieren thematisiert wird, hätte nach ihrer Meinung wohl strategisch klüger und sinnvoller gehandelt werden können. Kritik wird nicht dramatisiert und nur ver-

---

15 Die Sequenz wurde mit der Methode der Objektiven Hermeneutik interpretiert. Ich danke Georg Breidenstein, Jeanette Böhme, Susan Busse, Jörg Hagedorn, Werner Helsper und Rolf-Torsten Kramer für die gemeinsame Besprechung in der Interpretationswerkstatt an der Martin Luther-Universität Halle.

steckt geäußert. Die Lösung des Problems scheint die Sprecherin bereits im Kopf zu haben, worauf die faktische Formulierung am Ende des Satzes verweist („wenn er jetzt hier in der Klasse sitzt zur Probe und dann nachher wieder raus muss"). Möglicherweise wird hier auf ein Risiko hingewiesen oder es wird eine Bewährungssituation unterstrichen. Am Ende des ersten Satzes bleibt unklar, was das Problem eigentlich ist. Eine Mischung aus Belastungserwägungen einerseits und bildungsprozessorientierten Motiven andererseits („zusammen Gedanken machen") wird deutlich. Die Lehrerin scheint sich Zustimmung für die Entscheidung zu wünschen, dass Daniel nicht in der Klasse bleiben kann. Asymmetrien werden umgekehrt, denn nicht die Lehrerin, sondern die Kinder können hier entscheiden und die Lehrerin gibt Impulse. Das Vorgehen impliziert, dass die Lehrerin die Entscheidung nicht mehr alleine kontrollieren kann oder sie müsste das Votum der Kinder ignorieren.

Der Wechsel von schließenden und öffnenden Formulierungen und der formalisierte und bürokratisierte Einstieg weisen wiederum (wie schon die Verwendung des Protokolls) darauf hin, dass die Lehrerin im Kreis eine Bürokratisierung und formalisierte Schließung sozialer Prozesse betreibt, um in der egalitären Kreissituation die Kontrolle zu behalten, aber auch um Partizipationsmöglichkeiten zu eröffnen.

Die knappe Nachfrage von Lars („Zur Probe?") führt zu weiteren Begründungen der Lehrerin, die sich allerdings nicht direkt auf die Frage von Lars beziehen. In den folgenden Ausführungen der Lehrerin bestätigt sich zunächst, dass sie Jakup für sein Vorgehen nicht offen kritisieren will. Er hat „das Ganze angezettelt", er hat das Problem in Gestalt von Daniel auf die Kreisbühne gebracht und damit – aus Sicht der Lehrerin – zur Frage der Klasse gemacht. Es kann nun scheinbar nicht mehr hinter dem Rücken der Kinder im Schulleiterzimmer, Schulsekretariat und Lehrerzimmer verhandelt werden. Jakup wird nicht gerügt, muss aber seine Gründe dafür nennen, dass er Daniel in die Klasse geholt hat, was ihm sichtlich schwerfällt, denn er spricht nicht gut Deutsch und beteiligt sich selten im Kreis.

Noch einmal wiederholt die Lehrerin dann ihren Appell zum gemeinsamen Nachdenken, wobei sie deutlich macht, dass noch andere Personen an der Entscheidung beteiligt werden sollen. („Helft mal dabei ein bisschen mitzudenken, ob wir da zu einer Lösung kommen, weil, wir müssen da nachher in der Pause drüber sprechen mit den anderen Kollegen auch.") Bemerkenswert ist, dass die Lehrerin die Kreisgemeinschaft und das Lehrerkollegium in große Nähe zueinander rückt. Einerseits sollen die Schülerinnen und Schüler nur „ein bisschen mitdenken", andererseits scheint es fast so, als würden sie in die Profession aufgenommen.[16]

Mit Jakups Begründung, warum er Daniel mitgebracht hat, wird dann die Dimension „Geschlecht" zum Bestandteil des Diskurses der Kinder. Jakup

---

16   Es werden später auch keine weiteren Kolleginnen und Kollegen an der Entscheidung beteiligt.

scheint zwei Motive zu haben: Er möchte einem Jungen helfen und wünscht sich, dass der Klasse ein weiterer Junge angehört. In ihrer Rekonstruktion von Jakups Äußerung reduziert die Lehrerin seine Argumentation auf den letzten Aspekt und er bestätigt diese Zusammenfassung. Nun werden verschiedene Kollektive gedanklich mobilisiert: Jakup hat die Jungen im Blick. Die Lehrerin hingegen beschwört – um ihrem Interesse Geltung zu verschaffen – das aus den bisherigen Kindern und ihrer Lehrerin bestehende Kollektiv, wenn sie appelliert zu überlegen, „was wir denn **für den Daniel** wünschen können". Gleichzeitig fordert sie die Kinder zum Perspektivenwechsel auf. Lars, der den geforderten Perspektivenwechsel zwar vornimmt, kommt allerdings nicht zu dem von der Lehrerin gewünschten Ergebnis, denn als er sich in Daniels Perspektive hineinversetzt ist klar, was er für ihn wünscht: „Dass er hier bleibt."

Die Lehrerin führt nun ein – aus ihrer Sicht wichtiges – Argument in die Diskussion ein, mit dem sie zu überzeugen versucht. Sie weist darauf hin, dass es für Daniel in der Klasse schwer sein könnte, Deutsch zu lernen, weil die Gefahr bestehe, dass er und Magda häufig russisch sprechen. Man kann an dieser Stelle vermuten und andere Äußerungen der Lehrerin bestätigen diesen Eindruck, dass die Lehrerin nicht schon wieder ein Kind ohne Deutschkenntnisse in die Klasse aufnehmen möchte, weil sie mit der zuletzt gekommenen Magda schon gravierende Sprach- und Integrationsprobleme zu bewältigen hat.

Dass für Daniel die ganze Situation sehr belastend ist, zeigt sich, als er, dem die Möglichkeit fehlt, sich sprachlich mitzuteilen, nun körperlich reagiert: Seine Nase beginnt zu bluten. So kann er der strapaziösen Situation entkommen und erhält positive Zuwendung, weil die Lehrerin und Jakup sich nun um ihn kümmern. Das Kreisgespräch gerät durch diesen Zwischenfall zunächst außer Kontrolle. Durch die Abwesenheit der Lehrerin ist die Ordnung gestört und einige Mädchen und Jungen streiten lautstark über das Verlangen nach einem weiteren Jungen in der Klasse.

Als die Lehrerin von außerhalb des Kreises dazu auffordert, das Gespräch fortzusetzen, holt Sebastian als ordnungsstiftendes Hilfsmittel die Glocke und macht sich zum Gehilfen der Lehrerin. Nach einigen Rangeleien der Jungen um das Rederecht bestimmt die Lehrerin (immer noch von außerhalb), dass es „im Kreis" weitergehe und regelt damit die Vergabe des Wortes. Zunächst sprechen nur Jungen, da sich die Glocke, die nun als Zeichen des Rederechts von den Kindern weitergereicht wird, in der Jungengruppe befindet. Zuerst wird von Mohammad das Argument der ungleichen Geschlechteranteile wieder stark gemacht. Er führt außerdem an, dass die Jungen mit Daniel besser „vier gegen vier" Fußball spielen könnten. Geschickt fordert er sogar zwei neue Jungen, weil erst dann gerechte Mehrheitsverhältnisse in der Klasse hergestellt seien. Sebastian führt an, dass bei Abstimmungen keine Gerechtigkeit gewährleistet wäre, weil die Mädchen in der Mehrheit seien. Außerdem brauchten die Jungen einen weiteren Freund. Ein neues Argument kommt von Josef, der die Perspektive von Daniel einzunehmen versucht. Er erklärt, dass Daniel sich in einer anderen Klasse fremder fühlen würde, weil er dort niemanden kenne und keine Freunde habe. Hiermit wird die Erfahrung von Fremdheit, die zum Leben vieler Kinder der Klasse gehört, als Erfahrungsschatz mobilisiert und zum Thema gemacht.

Erst jetzt kann sich die Lehrerin wieder inhaltlich in die Diskussion einmischen, denn es geht Daniel besser. Sie verweist auf Probleme mit der Sitzordnung, die sich durch die Aufnahme Daniels in die Klasse ergeben könnten. Da die Gestaltung der Sitzordnung in der Klasse immer wieder umstritten war, hofft sie die Kinder mit diesem Argument zu gewinnen, doch auch dieser Einwand überzeugt nicht. Eigentlich wären nun die Mädchen an der Reihe, doch sechs Mädchen geben die Glocke weiter und wollen sich nicht äußern. Dann mischt sich Hiba ein und als Sebastian merkt, dass sie gar nichts gegen die Argumentation der Jungen vorbringen, sondern einen Vorschlag zur Sitzordnung unterbreiten will, verhilft er ihr zum Rederecht. Mit ihrer Anregung, dass Daniel neben Alena sitzen könnte, nimmt Hiba hier eine Verschlechterung der Situation ihrer Freundin Alena in Kauf, um Daniel zu unterstützen, oder lanciert diese, um Alena das Privileg des besonderen Platzes zu nehmen.[17]

Nun ergreift Irina das Wort. Sie wirft den Jungen vor, dass es ihnen gar nicht um Freundschaft gehe, sondern nur um das Fußball spielen. Auch ihr Beitrag richtet sich nicht gegen den Verbleib von Daniel in der Klasse, sondern nur gegen die Argumentationsweise der Jungen. Ihre Äußerungen werden von einigen Jungen als Einmischung in deren innere Angelegenheiten empfunden („Das geht dich einen feuchten Dreck an!") und es hagelt Proteste. Die Mädchen werden nun beschuldigt, dass sie „immer meckern" würden und die Jungen viel toleranter seien.

Diese Debatte wird schließlich von der Lehrerin abgebrochen. Sie habe „erst mal sammeln" wollen. Zuletzt weist sie noch einmal auf Probleme und Anforderungen hin, die im Zusammenhang mit Daniels fehlenden Deutschkenntnissen entstehen könnten und bei Magda auch entstanden seien. Aus dem „gemeinsam Gedanken machen" ist zuletzt eine Sammlung der Argumente der Kinder geworden. Es erfolgt keine gemeinsame Klärung, wie einleitend angekündigt. Auch am Ende der Diskussion bleibt für Daniel und die übrigen Kinder zunächst unklar, ob er die Klasse wieder verlassen muss.

Ich erinnere mich, dass ich mich nach dieser Diskussion bis zur Pause gefragt habe, was Anne Abel nun tun würde. Ich war beeindruckt von der Diskussion, von den Argumenten und der Bereitschaft der Kinder, ihre Klas-

---

17 Bei der Arrangierung der letzten Sitzordnung hatte die Lehrerin festgelegt, dass immer ein Mädchen und ein Junge nebeneinander sitzen müssen. Nur zwei Mädchen (Alena und Susanne) mussten nicht neben Jungen sitzen. Diese Sitzordnung entsprach nicht den Wünschen der Kinder.

se für einen neuen Schüler zu öffnen. Gleichzeitig fand ich es problematisch, dass Daniel nicht in das Gespräch einbezogen wurde, und nahm seine psychische Belastung wahr. Auch die Gründe der Lehrerin, warum sie Daniel eigentlich lieber nicht in ihre Klasse aufnehmen wollte, erschienen mir nachvollziehbar. Zudem war mir klar, dass die Lehrerin diese Entscheidung eigentlich nicht den Kindern überlassen durfte.

Nachdem wir den Klassenraum verlassen hatten, fragte ich die Lehrerin deshalb sogleich, was sie nun tun würde und stellte fest, dass sie ihre Entscheidung bereits getroffen hatte. Sie ging umgehend zur Schulleiterin, schilderte die Situation und erklärte, dass Daniel in der Klasse bleiben könne. Ihren Entschluss begründete sie mit dem Willen der Kinder und kommentierte, dass man da „jetzt nichts mehr machen" könne.

Daniel wurde also – infolge der Diskussion im Kreis – in die Klasse aufgenommen. In dieser Situation werden den Kindern tatsächlich Partizipationsmöglichkeiten eingeräumt und es handelt sich hier nicht nur um „Schülerbeteiligung als Farce und Partizipationsverpflichtung" (Helsper & Linghost 2001, 233). Doch werden hier auch Entscheidungen an die Schülerinnen und Schüler übertragen, die nach der Rechtslage eigentlich die Schulleitung zu übernehmen und zu verantworten hat. Den Kindern wird eine Autonomie zugebilligt, die sie strukturell eigentlich nicht haben und die nur im Rahmen einer persönlichen, nicht rechtskonformen Entscheidung der Lehrerin möglich ist.

Zusammenfassung (Dienstag)

Da der Morgenkreis am Dienstag mit der Suche nach dem kleinen Stab beginnt, der zu den Requisiten und Statussymbolen des Präsidenten bzw. der Präsidentin gehört, richtete sich die Aufmerksamkeit zunächst auf das Präsidentenamt. Die mit der Präsidentschaft verbundenen Aufgaben bestehen darin, das Datum zu nennen, das Morgenlied anzustimmen, die fehlenden Kinder festzustellen, zum Erzählthema zu sprechen, fünf Kinder für Nachfragen auszuwählen, auf die Redezeit zu achten und für Ruhe zu sorgen. Schon die Bezeichnung „Präsidentin" für die Schülerin, die für wenige Minuten nach einem fest gefügten Ablauf die Leitung des Kreisgespräches übernehmen darf, wertet das Amt auf. Ebenso eröffnen die rituellen Anteile dem ermächtigten Kind gewisse Spielräume, auch wenn die Lehrerin in der Rolle der Protokollantin weiterhin eine dominierende Rolle spielt. Die Ausführung des Amtes und die Inhalte der Erzählung des Präsidenten bzw. der Präsidentin dienen als Anlass für Gespräche und Debatten im Kreis. Es entstehen Konflikte, Konkurrenzen und Koalitionen, in denen sich die Schulklasse als soziales System reguliert. Auch ein eher zurückhaltendes Kind wie Susanne übernimmt gerne das Amt der Präsidentin, denn sie kann sich ihren Mitschülerinnen und Mitschülern in dieser starken Rolle zeigen und zudem auch ihre

Beziehungen festigen. Die meisten Kinder verbuchen es als Erfolg bei der Wortvergabe von der Präsidentin oder dem Präsidenten ausgewählt zu werden. Bei der Auswahl der Kinder für Nachfragen ist bei der Präsidentin Susanne (wie schon am Montag bei Yilmaz) eine geschlechterorientierte Wortvergabe erkennbar. Es wird deutlich, dass im Morgenkreis um soziale Anerkennung gerungen wird. Von Bedeutung ist, mit seinen Geschichten anzukommen, das Wort vergeben zu dürfen und es zu erhalten und Fragen zu stellen, die in der Kindergruppe akzeptiert werden.

Wie schon im ersten Gespräch zeigt sich auch in diesem Morgenkreis, dass die Lehrerin eine formalisierende Schließung sozialer Prozesse betreibt, um die Kreissituation kontrollieren zu können. In der Kreisgemeinschaft wird die Lehrerin in besonderer Weise zum Teil der Schulklasse und muss im Rahmen der egalitären Anordnung und der spielerischen Ermächtigung der Kinder die Position der Lehrerin immer wieder neu aushandeln und bestimmen.

Bei der Entscheidung über die Aufnahme von Daniel in die Klasse folgt die Lehrerin – entgegen ihrer eigenen Überzeugung – den Argumenten der Kinder, was als unprofessionelles Verhalten erscheinen kann, den Kindern aber Mitwirkung nicht nur spielerisch, sondern auch faktisch einräumt. Die Diskussion um Daniels Aufnahme in die Klasse verweist auf Probleme, die sich bei der Einräumung von Partizipationsmöglichkeiten ergeben können. Einerseits wünscht sich die Lehrerin von den Kindern Zustimmung zur Maßnahme, Daniel einer anderen Klasse zuzuordnen. Andererseits möchte sie die Einflussnahme ihrer Schülerinnen und Schüler im Unterricht stärken und pflegt deshalb eine gewisse Verhandlungsbereitschaft. Ihr Verhalten in dieser Situation führt nun dazu, dass sie das – ihren Wünschen widersprechende – Votum der Kinder nicht mehr ignorieren kann oder will. Eine explizit pädagogisch begründete und professionelle Entscheidung darüber, ob Daniel in die Klasse aufgenommen wird, kommt nicht mehr zustande.

5.3 Mittwoch

„Hauptsache, du kommst dran"

Auch Viktor, der am Mittwoch Präsident ist, wünscht sich eine Zukunft mit seinen Freunden in der Welt des Fußballs: Er möchte Trainer von Bayern München werden. Antons Frage nach seiner Position in der Mannschaft beantwortet Viktor genau wie zuvor Yilmaz mit „Mittelstürmer". Er fügt sich damit in die soziale Ordnung der Jungengruppe. Die übrigen Fragen der Jungen beziehen sich auf den Verdienst (Sebastian), die tägliche Trainingsdauer

(Mohammad) und darauf, ob es Viktor „nur ums Geld" gehen wird (Lars). Als einziges Mädchen ruft Viktor Hiba auf, die folgende Frage stellt.

Hiba: Seit wann bist du Fan?

Lehrerin: Langsam.

Hiba *(wiederholt)*: Seit wann bist du Fan?

Einige Kinder *(Jungen und Mädchen)*: Oh Hiba! Mensch Hiba!

Hiba: Äh, von den Bayern, äh von dem Spieler?

Einige Kinder: Mann, er ist doch Trainer! Er ist Trainer!

Mohammad: Otto Rehhagel!

Lehrerin: Hiba, überleg dir deine Frage noch mal! Ich brauch noch mal die Antwort von der anderen Frage! In welche Position würdest du mich stellen?

Mohammad: Du weißt **gar nichts**. Hauptsache, du kommst dran?

Hiba: Das machst **du** auch immer, Mohammad. **Immer!**

Mohammad: Nee!

Hiba: Ja, das machst du **immer!**

Mehrer Kinder *(gleichzeitig)*: Nee! Natürlich! Mohammad! Hiba!

Viktor *(läutet die Glocke)*: Aufhören!

Hiba formuliert keine auf Viktors erträumte Zukunft als Trainer gerichtete Frage, sondern stellt eine fußballbezogene Routinefrage.[18] Die Lehrerin zeigt durch ihre Forderung „Langsam", dass das Geschehen für sie als Protokollantin zu schnell abläuft, was zur Folge hat, dass die Frage durch Hiba wortgleich wiederholt wird. Die Korrektur einiger Kinder führt schließlich dazu, dass Hiba ihre „falsche" Frage erweitert, worauf eine Berichtigung durch die Mitschüler erfolgt. Anschließend fordert die Lehrerin Hiba auf, ihre Frage neu zu überlegen und versucht, das Geschehen zu verlangsamen, indem sie die Wiederholung der vorhergehenden Antwort einfordert.

Von Mohammad wird dann aber ein neues Thema eingeführt. Er wirft ein, dass Hiba „gar nichts weiß" und es nur darauf anlege dranzukommen. Als Hiba erwidert, dass Mohammad dies auch immer tun würde, bestreitet er dies, woraufhin Hiba ihre Aussage, dass Mohammad das immer mache, noch einmal wiederholt. Mehrere Kinder mischen sich ein und es fallen verschiedene Aussagen wie „nee" und „natürlich" sowie die Namen der beiden streitenden Kinder. Viktor unterbricht die Unruhe, indem er als Präsident die

---

18 Ich danke Sarah Alexi, mit der ich diese Sequenz mit der Dokumentarischen Methode interpretiert habe.

Glocke läutet und seine Mitschülerinnen und Mitschüler auffordert aufzuhören.

In dieser Sequenz sind sowohl ein inkludierender als auch ein exkludierender Diskursmodus erkennbar. Der exkludierende Diskursmodus, welcher im ersten Teil der Sequenz deutlich wird, beruht auf einer Rahmeninkongruenz aufgrund von Falschrahmungen, da Hiba inhaltlich nicht adäquat auf die vorgegebene Frage reagiert hat, was sich im divergenten Modus der Diskursorganisation offenbart.

Im zweiten Abschnitt, in dem es um das Melden bzw. Drankommen von Hiba und Mohammad geht, werden strukturidentische Erfahrungen deutlich, die jedoch antithetisch verhandelt werden, da Hiba und Mohammad unterschiedliche Perspektiven auf Mohammads Meldeverhalten artikulieren.

Darüber hinaus werden an dieser Stelle gemeinsame Orientierungen der anderen Kinder im Morgenkreis deutlich. So erweist sich aus Sicht der Jungen Hiba des Privilegs, (als einziges Mädchen) das Wort erhalten zu haben und eine Frage stellen zu dürfen, als nicht würdig.

Andererseits werden schulische Orientierungen verhandelt, indem eine schultypische Normverletzung aufgedeckt wird. Denn obwohl man sich in der Schule nur melden soll, wenn man etwas weiß, kann eine Meldung auch einfach darauf abzielen dranzukommen, um herausgehoben zu werden, aktiv zu werden und sprechen zu dürfen. Aus Sicht der schulischen Akteure geht es also nicht um eine kontextuell sinnvolle Frage, sondern mehr darum, eine akzeptable Frage parat zu haben. Nicht der Inhalt steht im Zentrum, sondern die Fragen werden unter bestimmten sozialen und kommunikativen Aspekten gestellt und auch die Antworten sind entsprechend zu verstehen. Da schon die Möglichkeit, eine Frage stellen zu dürfen, mit sozialer Anerkennung verbunden ist, muss man sich diese Ehrung im Nachhinein durch eine „gute Frage" verdienen. Was eine „gute Frage" ist, bestimmt hier nicht in erster Linie die Lehrerin, sondern die Kinder schleifen die Kriterien für ihre Gruppe hierfür im Laufe des gemeinsamen Schulalltags und in den Kreissituationen ein. Die komplexen Regeln dieses „Spiels" können nicht direkt verbalisiert werden, sind aber ein – von den Schülerinnen und Schülern – mehr oder weniger durchschauter Bestandteil dieser Kommunikationssituation.[19]

Etwas später werden Konflikte mit einer anderen Klasse im Morgenkreis zur Sprache gebracht. Dabei werden negative Einstellungen gegenüber dieser anderen Klasse thematisiert.

---

19 Gertrud Ritz-Fröhlich (1992) stellt in ihrer Studie über „Kinderfragen im Unterricht" die herausragende Bedeutung von Kinderfragen für den Unterricht heraus. Sie kritisiert, dass in der Schule die Fragehaltung und Fragekompetenz von Kindern zu wenig gefördert werde (ebd., 64f.). Der Aspekt der sozialen Konstruktion von Kinderfragen im klassenöffentlichen Unterricht bleibt allerdings unberücksichtigt.

„Hiba, du hast das Wort" – Konflikte mit einer anderen Klasse

Lehrerin: Hiba, du hast das Wort. Und bitte nur ganz kurz, was war gestern?

Hiba: Gestern, da haben Kinder aus Frau Müllers Klasse gesagt, ich soll mal ins Lehrerzimmer zu Frau Müller. Und da bin ich hingegangen und da hat sie gesagt, wir sollen ihre Klasse nicht immer beschuldigen.

Yilmaz *(verächtlich)*: Ha, ha, ha!

Hiba: Und die Kinder sagen, **sie** haben **noch nie** etwas gesagt.

(Viele Kinder rufen laut und empört durcheinander. Sebastian und Josef umarmen sich.)

Lehrerin: Lasst sie mal ausreden.

Hiba: Und sie hat gesagt, wir sollen das nicht mehr tun.

Lehrerin: Also mein Vorschlag von gestern bleibt heute noch erhalten. Es geht jetzt nicht um einen Kampf der Klassen gegeneinander. Es geht darum, dass wenn man die Vorwürfe begründet und noch mal drüber spricht, dann kann man es besser von der anderen Seite auch hören. Dann können die sagen, jawohl, hab ich doch gesagt und seh ich heute anders. Aber ihr müsst es auch mit eurer Anklage sozusagen aufschreiben, sonst steht ihr blöde da. Wenn ihr nur sagt, die haben aber, und sagt nicht, was sie haben, das ist schlecht. Von daher bleibt es bestehen. Bitte schreibt es auf und wir besprechen dann, wie wir das miteinander regeln. Wenn nichts kommt, sind wir gezwungen, tatsächlich rüberzugehen und zu sagen, na ja, dann war das ein Windei.

Einige Kinder *(lachen)*: Ein Windei!

Alena *(meldet sich)*: Frau Abel!

Lehrerin: Bitte?

Alena: Also, als ich mal, äh [...] bei uns unten in der Gruppe war von der Bücherei. Nicht hier von der Schule. Da ist der Markus auch drinne und dann hat der gesagt, da ist ja die Blöde von der blöden Abelklasse.

Lehrerin: So, dann schreibst du mir das bitte auf, und dann bereden wir das mit dem Markus. Fertig, von mir aus ist das jetzt fertig.

Zunächst fällt hier die doppelte Ansprache („Hiba, du") auf, mit der die benannte Person aus dem Kollektiv herausgehoben wird.[20] Der Aufmerksamkeitsfokus wird auf das „du" gelenkt und durch die Nennung des Vornamens eine spezifische Individualität gekennzeichnet und unterstrichen. Was Hiba zu Beginn dieser Gesprächssequenz erhält, ist „das Wort". Ihr wird damit die Möglichkeit eröffnet, über ein besonderes Gut zu verfügen, welches limitiert und nicht leicht erreichbar ist. Hiba erhält durch die Verfügung über „das

---

[20] Der erste Satz der Lehrerin, „Hiba, du hast das Wort", wurde mit der Methode der Objektiven Hermeneutik interpretiert.

Wort" eine Sonderstellung, denn ihr werden Artikulationsspielräume einge-räumt, die den anderen an der Situation Teilnehmenden verschlossen bleiben. Außer Hiba befinden sich alle in einer defizitären Situation, einem Zustand des Mangels an Sprechgelegenheiten.

Die Lehrerin, die an dieser Stelle „das Gut" verteilen darf, sagt nicht et-wa „Ich übergebe dir das Wort"; vielmehr scheint die Angesprochene darauf aufmerksam gemacht werden zu müssen, das Wort schon zu haben. Hiba wird nicht nur in eine besonders exponierte Stellung gebracht, sondern zu-dem wird auf eine Potentialität verwiesen, die schon vorhanden ist, von der Angesprochenen jedoch erst entfaltet werden soll. Auch wird der adressierten Schülerin Rederecht zugesprochen, obwohl die Sprechhandlung der Lehrerin noch andauert. Damit wird so getan, als ob das Kind über Handlungsoptionen verfügen könne und auf diese Weise eine pädagogische Als-ob-Beziehung hergestellt.

Die Lehrerin könnte auch sagen: „Du kannst jetzt sprechen." Durch ihre Verwendung von „das Wort" entstehen Assoziationen zu transzendentalen Geltungsquellen („Im Anfang war das Wort"), zu Dominanz- und Rechtsver-hältnissen („Der Staatsanwalt hat das Wort") oder zum Nachweis von Be-rechtigungen (Codewort, Passwort). Der Bezug zu diesen Geltungsquellen legt als Anschlusshandlung eine Stellungnahme, Positionierung oder Authen-tifizierung nahe. Da im Moment der Formulierung des Satzes die Lehrerin noch über das Wort verfügt und eine Sprechhandlung in der Zukunft antizi-piert bzw. verordnet wird, weiß die Lehrerin vermutlich, was Hiba vorzu-bringen beabsichtigt. Sie könnte z. B. informiert sein, dass Hiba im Besitz ei-nes Codewortes oder einer zu verlesenden Anklageschrift ist.

Unklar ist, ob Hiba in dieser Situation das Wort eigentlich haben will. Sie hat sich nicht gemeldet und nicht um das Wort gekämpft, vielmehr wird sie von der Lehrerin herausgehoben, dann aber hinzugefügt, dass der Wortbe-sitz zeitlich begrenzt sein wird, sich Hiba also kurz fassen muss.

Hiba bringt nun die Anklage einer anderen Klasse und deren Lehrerin gegen ihre eigene Klasse vor. Sie erklärt, dass ihrer Klasse vorgeworfen wer-de, sie würde die Kinder der anderen Klasse zu Unrecht beschuldigen. Das Vortragen dieses Vorwurfs löst Solidarität in der Klasse aus und scheint den inneren Zusammenhalt der Gruppe zu stärken.

Die Lehrerin bemüht sich darum, die emotionalen Reaktionen der Kinder sogleich zu begrenzen. Sie will keinen „Kampf der Klassen gegeneinander" und möchte verhindern, dass sich ihre Schülerinnen und Schüler in dieser Kreissituation einer konfrontativen oder aggressiven Stimmung hingeben. In-dem sie verlangt, dass die Kinder ihre Vorwürfe aufschreiben, fordert sie eine kognitive, rationale und formalisierte Ebene der Konfliktbewältigung und die Nachvollziehbarkeit der Schuldvorwürfe ein. Auch als Alena einen konkreten Vorwurf mündlich vorbringt und dabei durch das Zitat „die blöde Abelklas-se" den Namen der Lehrerin ins Spiel bringt, geht sie darauf nicht ein. Sie fordert Alena auf, ihre Anschuldigung schriftlich zu fixieren und beendet recht rigide die Situation („Fertig, von mir aus ist das jetzt fertig").

Nachdem die Lehrerin anschließend den zeitlichen Ablauf des Klassenausflugs am Freitag angekündigt und die Kinder aufgefordert hat, hierfür Geld mitzubringen, werden die Gruppeneinteilungen für den Förderunterricht vorgelesen. Dann darf Sebastian sprechen, der einen Beitrag zum Thema „Wolf" vorbereitet hat. Mit einer Zeitschrift in der Hand, berichtet er von typischen Merkmalen und den Lebensräumen dieser Tiere. Dann legt er die Zeitschrift zur Seite und erzählt eine Geschichte.

„Jeder Mensch muss mit ein klein wenig Bosheit selber fertig werden."

Sebastian: „Und es gibt so eine Geschichte. Die heißt „Als der Wolf den Menschen erschuf".

Mehrere Kinder *(gleichzeitig)*: Hääh? Was? Der Wolf den Mensch erschuf? Erschlug? Erschuf!

Lehrerin: Ist die lang, Sebastian?

Sebastian: Ich kann eine Kurzfassung erzählen.

Lehrerin: Das wäre mir **sehr lieb**, aus Zeitgründen.

Sebastian *(schlägt die Zeitschrift zu und erzählt frei)*: Also, wenn nachts die Wölfe heulen und die Kinder davon aufwachen, dann erzählt Großvater Adlerfeder den Kindern das Märchen von dem Wolf, der den Menschen erschuf.

Verena: Erschuf?

Sebastian: Also eine lange Zeit vor unserer Zeit, da gab es noch keine Menschen, da gab es Tiermenschen. Es gab den Bibermensch, es gab den Vogelmensch.

Einige Kinder: Es gab den Affenmensch.

Sebastian: Ja, und die Tiermenschen hatten ganz große Angst vor dem bösen Flussmonster, das im Fluss wohnte. Wenn ein Tiermensch durstig war und da hinging, um etwas zu trinken, da lauerte es im Wasser, wo es sehr tief war und wo die beste Stelle war für einen durstigen Tiermenschen seinen Durst zu stillen. Und dann schnappte es sich die Tiermenschen und riss sie in die Tiefe und die Tiermenschen wussten nicht, was sie machen sollten. Da konnte Mutter Erde nicht lange zusehen. Sie schickte den Menschen den schlauen Wolf. Der sollte den Tiermenschen zeigen, wie man sich vor dem Flussmonster schützen könnte, aber die Tiermenschen waren keine guten Schüler. Und deshalb blieb dem Wolf nichts anderes übrig, als das Böse aus der Welt zu schaffen. Da tötete er das böse Flussmonster. Und aus den Beinen schuf er […], äh, *(Sebastian nimmt seine Zeitschrift zu Hilfe)* die Indianer des Klickitat-Stamm. Aus den Armen schuf er, äh, die Cayese-Indianer. Deshalb wurden sie so berühmte Bogenschützen. Aus jedem Teil von dem Flussmonsters formte er einen neuen Stamm.

Aber […], aber so viel Mühe sich der Wolf gegeben hat, jeder Mensch muss mit ein klein wenig Bosheit selber fertig werden.

(Es ist mehrere Sekunden still.)

Ein Kind: **Schöne** Geschichte!

Ein anderes Kind: **Echt** schön!

Lehrerin: Vielen Dank, Sebastian.

Mehrere Kinder: Ja! **Echt schöne** Geschichte!

Lehrerin: Toll, ja!

(Einige Kinder klatschen.)

Sebastian: Ich könnte noch mehr erzählen.

Lehrerin: Ja, das glaub ich dir. Du hast uns ganz viele Informationen gegeben. Ich muss jetzt mal unterbrechen. Die sitzen jetzt auch lange genug hier. Die können nicht mehr, weißt du.

Einige Kinder *(gähnen oder strecken sich)*: Jaaa.

Sebastian kündigt zunächst an, dass er eine Geschichte zu erzählen beabsichtigt. Nachdem die Überschrift genannt wurde, sind etliche Kinder irritiert, denn hier wird eine Handlung angekündigt, in der es um die Erschaffung des Menschen durch den Wolf gehen soll. Einige Kinder nehmen an, dass Sebastian sich versprochen habe oder sie sich verhört hätten, denn mit dem Wolf, Symbol der Hinterlist und Heimtücke, der in einigen bekannten Märchen als Gefahr für den Menschen auftritt, verbinden die Kinder nichts Gutes. Die vermeintliche Gewissheit, was gut ist und was böse, wird so schon durch die Überschrift erschüttert.[21]

Die Lehrerin lässt das Erzählen der Geschichte zu, fragt aber nach der Länge der Geschichte und macht damit auf die fortgeschrittene Zeit aufmerksam, was Sebastian sofort versteht und worauf er auch prompt mit dem Angebot reagiert, „eine Kurzfassung" zu erzählen. Damit erhält er die Gelegenheit zum Erzählen seiner Geschichte auf der Kreisbühne.

Die Geschichte selbst berührt die im Morgenkreis versammelten Kinder. Die Wirkung und der Zauber des Märchens sind deutlich spürbar, denn es ist ganz ruhig, während Sebastian spricht, und es bleibt mehrere Sekunden still, nachdem er seine Erzählung beendet hat. Mir erscheint es so, als schlüpfe Sebastian in die Rolle des Großvaters Adlerfeder, der den Kindern ein Mär-

---

21 Die Szene wurde mit der Methode der Tiefenhermeneutik interpretiert. Ich danke Birgit Burkhardt, Susanne Gerner, Regina Klein und Ulrike Prokop für die gemeinsame Arbeit in der tiefenhermeneutischen Interpretationswerkstatt in Marburg. Von Regina Klein liegt eine Veröffentlichung zu einer Sequenz aus einem von mir beobachteten Morgenkreis einer anderen Klasse vor, die ebenfalls in dieser Interpretationswerkstatt analysiert wurde (Klein 2009). Klein zeigt hier das Vorgehen bei der tiefenhermeneutischen Analyse.

chen erzählt, während draußen die furchteinflößenden Wölfe heulen. Sebastian wird gleichsam zur Figur der Geschichte, der Gesprächskreis zum Inneren eines Tipis und die Szene hat etwas Tröstliches. Der Text aus der Zeitschrift wird von Sebastian aus der schriftlichen Form in eine mündliche Erzählung überführt.

In der erzählten Geschichte wird „das Böse" von dem Flussmonster verkörpert, das die Tiermenschen zu verschlingen droht. Die Schlechtigkeit des Flussmonsters ist etwas, was sonst dem Wolf anhaftet und was nach Bettelheim Kinder in sich selbst bemerken: „den Wunsch zu verschlingen – und dessen Folge, die Angst, dieses Schicksal selbst zu erleiden" (Bettelheim 1996, 54). Sebastian schildert, dass die beschützende „Mutter Erde" den schlauen Wolf als Lehrer eingesetzt habe, damit er die Tiermenschen lehrt, sich vor dem verschlingenden Flussmonster zu schützen. Damit tritt das Flussmonster als gefährliches und der Wolf als hilfsbereites, zugleich aber mit dem Bösen vertrautes Tier auf. Gefährliche Tiere symbolisieren nach Bettelheim das ungezähmte Es in all seiner bedrohlichen Energie, hilfreiche Tiere verkörpern hingegen natürliche Energie gegen das Es, die zum Wohle der Gesamtpersönlichkeit eingesetzt werden könne (vgl. Bettelheim 1996, 89). Weil die Tiermenschen aber schlechte Schüler waren, so erzählt Sebastian, habe der Wolf das Flussmonster töten müssen und aus dessen Körperteilen dann den Menschen erschaffen. Eine Begründung, warum das Böse im Menschen existiert, ist somit gefunden und auch eine Erklärung, warum jeder Mensch „mit ein klein wenig Bosheit selbst fertig werden" muss.

Mit dieser Erzählung thematisiert Sebastian im Morgenkreis auf der symbolischen Ebene den Kampf der inneren Triebe, das Ringen von Lust- und Realitätsprinzip. Die Geschichte spendet Trost, denn sie beruhigt Ängste und soll möglicherweise auch die Lehrerin beruhigen und sie auffordern „ein klein wenig Bosheit" bei ihren Schülerinnen und Schülern zuzulassen (vgl. Heinzel 2005, 45ff.).

Besonders Bettelheim hat auf die große Bedeutung von Märchen für Kinder hingewiesen. Märchenhafte Geschichten, die auf Ängste und Sehnsüchte von Kindern abgestimmt sind, hält er für außerordentlich wichtig, um Emotionen zu klären, Schwierigkeiten aufzugreifen und dem Chaos der Gefühle einen Sinn abzugewinnen (Bettelheim 1996, 11). Nach Winnicott teilen Menschen, die z. B. eine Sinfonie hören, in eine Gemäldegalerie gehen, Literatur lesen oder Tennis spielen einen Erfahrungsbereich, in dem es Gemeinsamkeiten zu entdecken gibt (Winnicott 1995, 123). Dieser (neben innerer psychischer Realität und äußerer Realität) dritte Erfahrungsbereich wird als ein Spannungsbereich und potentieller Übergangsraum zwischen Individuum und Umwelt verstanden, in welchem der Einzelne erfahren kann, was kreatives Leben ist (Winnicott 1995).

Lorenzer stellt heraus, dass in Geschichten, Märchen oder der Literatur neue Lebensentwürfe thematisiert werden können, weil unbewusste Praxiser-

fahrungen und Erlebniserwartungen in sinnlich-unmittelbare Symbole überführt wurden und diese ein ungestörteres Eigenleben führen können als die
sprachsymbolischen Interaktionsformen (vgl. Lorenzer 1986, 54ff.). Sinnlich-
symbolische Interaktionsformen stehen für einen Bereich der Erfahrung, der
nicht in Worte gefasst wird, und sie sind mit Praxisfiguren verbunden, die
nicht benannt werden können, weil sie den sozialen Normen widersprechen,
und sie eignen sich deshalb als Repräsentanten normwidrigen und nicht
normgerechten Verhaltens (Lorenzer 1986).

Die Reaktion der Lehrerin auf die Erzählung Sebastians ist ambivalent.
Einerseits scheint auch sie für einige Sekunden berührt, doch lässt sie den
Kindern keine Zeit, um in die beim Hören entstandene Atmosphäre ein-
zutauchen und darüber zu sprechen. Sie lässt die Kinder nicht in ihrem – gemeinsam geteilten – Erfahrungsraum und zerstört die kreative Stimmung.

Zusammenfassung (Mittwoch)

Einige strukturelle Probleme und Kennzeichen der Kreissituation konnten ent-
deckt werden: Das ritualisierte Fragen im Kreis wird zu einem sozialen „Spiel"
der Kinder, bei dem nicht inhaltliches Interesse im Vordergrund steht, sondern
ihre Beziehungen. Fragen werden unter bestimmten sozialen und kommunikativen Aspekten gestellt und auch die Antworten sind entsprechend zu verstehen. Die komplexen Regeln dieses „Spiels" können nicht direkt verbalisiert
werden, sind aber ein – von den Schülerinnen und Schülern – mehr oder weniger durchschauter Bestandteil ihrer Kommunikationssituation.

„Das Wort" wird im Morgenkreis zu einem besonderen Gut und das Rederecht ist entsprechend begehrt. Wer im Kreis sprechen darf, dem werden
Artikulationsspielräume zugestanden und er befindet sich in einer herausge-
hobenen Situation. Die Besonderung derjenigen Person, die im Morgenkreis
sprechen darf, ist konstitutiv für die Kreissituation, auch wenn durch die
Praktiken der Auswahl (Lehrerin erteilt „das Wort" bzw. ruft auf, Kinder ru-
fen auf, reihum, Geschlechterreihen …) die individuelle Besonderung in der
Gemeinschaft unterschiedlich bewertet wird. Immer verbleiben alle übrigen
Schülerinnen und Schüler – zugespitzt formuliert – in einem Zustand des
Mangels.

Trotz der egalitären Anordnung und des Bemühens der Lehrerin, den
Kindern Partizipationsmöglichkeiten einzuräumen, bleibt die Situation durch
die Lehrer-Schüler-Hierarchie und durch Dominanzstrukturen gekennzeichnet. Dessen ungeachtet können die Kinder die Kreissituation nutzen, um
innere und äußere Realität in Beziehung zu setzen. Der Schülervortrag von
Lars zum Thema „Wölfe" wird mit großer Aufmerksamkeit verfolgt. Die Re-
zeption der von Sebastian präsentierten Wolfsgeschichte durch die Schülerinnen und Schüler verweist darauf, dass Kreisgespräche in der Schule einen
Übergangsraum zur Verfügung stellen können, in welchem – im Sinne Win-

nicotts – der schöpferische Spannungsbereich bzw. das kulturelle Erleben lokalisiert und Kreativität ermöglicht wird.

Der intermediäre Raum, der sich im Kreis öffnet, wird aber zugleich auch durch die lehrerinnenfokussierte, regelorientierte und hierarchische Anleitung auf der **latenten** Ebene **geschlossen.** Die Lehrerin intendiert und inszeniert die Einübung in (politisch-gesellschaftliche) Partizipationsformen, rationale Konfliktbewältigung und herrschende Normen, indem sie eine Als-ob-Beziehungsstruktur herstellt, eine Spannung zwischen Enteignung und Überforderung erzeugt und die emotionale Beteiligung der Kinder zu kontrollieren versucht.

5.4 Donnerstag

Heute ist Cora Präsidentin. Sie formuliert als Zukunftswunsch, dass sie eine Schildkröte besitzen möchte.[22] Diese solle Doris heißen, in einem großen Aquarium leben und nur ihr allein gehören. Für die Nachfragen wählt Cora drei Mädchen (Irina, Susanne und Alena) sowie zwei Jungen (Sebastian und Lars) aus. Wieder wird die Frage formuliert: „Willst du dann noch in diesem Stadtteil wohnen?" (heute von Irina). Sebastian informiert sich daraufhin in einem spöttischen Ton, ob der Umzug wegen einer Schildkröte stattfinden solle, und weist so darauf hin, dass diese Frage nichts mit Coras geäußertem Wunsch zu tun hat. Susanne will wissen, ob die Schildkröte groß oder klein sein soll. Sebastian fragt nach der Rasse und erklärt dabei, dass es Schnappschildkröten, Wasserschildkröten und Landschildkröten gebe. Zuletzt erkundigt sich Lars, ob Cora daran gedacht habe, dass die Schildkröte nicht nur im Wasser leben kann. Sebastian mischt sich erneut ein und beginnt, Cora über die artgerechte Haltung von Schildkröten zu belehren. Einige Kinder stoppen ihn dann mit den Worten: „Basti! Oooch Basti! Ist das deine Schildkröte oder ihre?"

Nachdem Cora anschließend Irina als neue Präsidentin ermittelt hat,[23] weist die Lehrerin darauf hin, dass nach dem Kreisgespräch ein Diktat geschrieben werde. Vor dem Diktat sei der Vortrag von Lars zu hören. Zu-

---

22 Insgesamt ersehnen 8 der 18 Kinder – so ergab meine spätere Analyse der Protokolleinträge – Tiere, davon 7 Mädchen und 1 Junge. 3 Kinder wünschen sich ein großes Haus und Reichtum (Anton, Jakup, Mohammad), ein weiteres Kind wünscht sich ebenfalls ein Haus mit einem Zimmer für jedes Kind der großen Familie (Nessrim). 2 Kinder möchten bei Bayern München als Spieler bzw. Trainer Karriere machen (Yilmaz und Viktor). Je 1 Kind wünscht werden: Manager bei DJ Bobo zu werden (Josef), als Polizist tätig zu sein (Lars), den Fortbestand des Erfolgs der Kelly Family (Nina).

23 Alle Jungen (außer Daniel) hatten das Amt in diesem Durchgang bereits inne. Deshalb darf oder muss ein Mädchen ausgewählt werden.

nächst wolle sie nun aber wissen, ob es noch Fragen zum Klassenausflug gebe.

Ranzen, Rechenheft und Federmäppchen oder Rucksack und Taschenlampe

Lehrerin: Äh, Klassenausflug zum Schloss mit Schlossbesuch. Gibt es noch Fragen, Unklarheiten, Elternrückfragen?

(Mehrere Kinder melden sich.)

Lehrerin *(zu Hiba)*: Ist das 'ne Frage?

Hiba: Ja.

Lehrerin: Sag's!

Hiba: Dürfen wir einen Rucksack mitbringen?

Lehrerin: Steht doch, ich glaube, im Schreiben sogar drin.

Mohammad: Oh, wie kann man nur!

Lehrerin: Steht doch im Schreiben.

Hiba: Nee.

Sebastian: Nein, es steht nicht.

Lehrerin *(zu Hiba)*: Brauchst du nicht.

Josef: Aber ich nehme 'nen Rucksack mit.

Lehrerin: Ihr könnt den Ranzen hier morgens mitnehmen und stehen lassen.

Sebastian *(unterbricht)*: Können wir 'ne Taschenlampe mitnehmen für die Höhlen?

Lehrerin: Nichts dagegen, wenn du drauf aufpasst. Aber lasst den Ranzen vorher einfach hier stehen, denn ihr habt vorher …

Mohammad *(unterbricht)*: Frau Abel, ich hab noch 'ne Frage!

Lehrerin: Nee […]. Ihr habt vorher Mathe, nicht vergessen! Ihr habt vorher **ordentlichen Unterricht**! *(gedehnt)*

Hiba: Wir brauchen nur das Rechenheft und das Federmäppchen.

Lehrerin: Ihr könnt doch die Tasche einfach hier stehen lassen und nachher wieder mitnehmen. So, jetzt die Fragen weiter. Zwei Kinder. Der Mohammad und […] Susanne.

Susanne: Wie lange dauert das?

Lehrerin: Steht doch im Brief drin. Anderthalb bis zwei Stunden Führung und dann sind wir zwischen halb eins und eins zu Hause.

Mohammad: Gehen wir zu Fuß oder wie kommen wir da hin?

Einige Kinder *(im Chor und gedehnt)*: Neieinnn!

Lehrerin: Mohammad, ihr sollt eine Buskarte mitbringen, weil wir in die Stadt erst reinfahren, wie letztes Mal auch.

Lehrerin: Sebastian.

Sebastian: Wegen dieser unterirdischen Gänge, wie lange gehen wir die?

Lehrerin: Du, ich mache nicht die Führung, ich weiß es auch nicht. Ich nehme an, wie das Wetter es zulässt. Das wird nicht alles zu begehen sein.

Sebastian: Ja, so **ein** Gang da, der ist total mit Wasser voll!

Lehrerin: Lass es uns doch erst mal erleben, bevor du alles vorwegnimmst […] *(schaut sich um)*. So, keine weiteren Fragen.

Die Lehrerin wirkt in dieser Gesprächsszene ungeduldig, worauf auch der knappe Sprachstil hinweist. Kaum hat sie aber die Möglichkeit eröffnet, Fragen zum bevorstehenden Klassenausflug zu stellen, schnellen viele Finger in die Höhe und sie fürchtet vermutlich, dass sich ihre Pläne für den weiteren Unterricht nicht einhalten lassen. Sie wendet dann verschiedene Strategien an, um die Fragen der Kinder einzudämmen. Sie unterstellt, dass Hiba nur drankommen möchte; sie weist mehrfach darauf hin, dass die Fragen im Elternbrief bereits beantwortet seien; sie erinnert an Routinen („wie letztes Mal auch") und fordert auf, den Klassenausflug einfach abzuwarten. Diese Maßnahmen führen schließlich dazu, dass die Schülerfragen versiegen und die Lehrerin feststellen kann: „So, keine weiteren Fragen."

Für die Schülerinnen und Schüler bedeutet der Klassenausflug eine Abwechslung im schulischen Alltag und ihre Fragelust kann als Bestandteil dieser Vorfreude verstanden werden. Rucksack und Taschenlampe stellen einen Kontrast dar zur Eintönigkeit im Schulalltag, der durch den routinierten Umgang mit Ranzen, Rechenheft und Federmäppchen bestimmt ist. Mohammad nutzt die von der Lehrerin gebotene Chance zwar, um Hibas Wortbeitrag negativ zu kommentieren, kommt mit diesem Versuch aber nicht an. Die Entdeckung unterirdischer Gänge verspricht, ein Abenteuer zu werden, das schon bei der Vorbesprechung die Phantasie anzuregen vermag.

Die Lehrerin versucht, diese lustvolle Stimmung zu begrenzen, indem sie nachdrücklich darauf hinweist, dass die Kinder vor dem Ausflug „ordentlichen Unterricht" haben, womit die Exkursion gleichzeitig zum „unordentlichen Unterricht" erklärt wird. Vermutlich ist die Lehrerin nicht nur am Fortbestehen der Unterrichtsordnung interessiert, sondern sie spürt auch die Wünsche der Kinder, die es in der Rolle der Lehrerin zurückzudrängen gilt. Bernfeld arbeitet diese Problematik heraus und erklärt in einem häufig zitierten Satz: „So steht der Erzieher vor zwei Kindern: dem zu erziehenden vor ihm und dem verdrängten in ihm." (Bernfeld 1994, 141)

Wenig später kann Lars seinen am Vortag angekündigten Vortrag halten. Er berichtet vom Leben eines Sinti-Mädchens und deren Familie. Er erzählt von ihrem Alltag, aber auch von ihren heutigen Diskriminierungserfahrungen und der Verfolgung der Sinti und Roma während des Nationalsozialismus. Am Ende seines Vortrags erklärt er, dass auch in der Nähe des Stadtviertels „Zigeuner" leben würden.

Wie schon bei Sebastians Vortrag am Tag zuvor, ist es auch während des Vortrags von Lars ganz ruhig und die Kinder hören sehr aufmerksam zu. Dennoch unterscheidet sich die Atmosphäre insofern, dass das Märchen vom Wolf die Kinder mehr in seinen Bann zog als der eher sachliche Bericht von Lars, obwohl auch die Familiengeschichte des Sinti-Mädchens konzentrierte Anteilnahme weckt.

„Ich erzähle das euch allen."

Nachdem er seinen Vortrag beendet hat, will Lars wissen, ob seine Mitschüler noch Fragen haben. Zunächst erkundigt sich Sebastian, warum sich Lars dieses Thema ausgesucht habe. Lars begründet es mit Interesse am Leben der Sinti und Roma. Hiba fragt, ob Lars die Zeitschrift abonniert habe, was dieser verneint. Dann schaltet sich die Lehrerin ein.

Lehrerin: Darf ich auch noch was fragen?

Lars: Ja, o. k.

Lehrerin: Ich wollte jetzt mal **dich** zunächst fragen und dann auch die anderen, wie es für **dich** ist, wenn du jetzt in unserem Erzählkreis darüber redest. Kannst du mir sagen, wie es dir dabei geht und was so für dich jetzt wichtig ist, wenn du es uns allen hier erzählst?

Josef: Er fühlt sich stolz.

Lars: Nein, ich will, dass, dass die Klasse nicht auch so sagt, dass die Zigeuner stinken und so und faul sind und so. Ich möchte denen erzählen, wie das ist.

Josef: Wir sind doch selber Ausländer.

Mehrere Kinder: Genau. Eben. *(unverständlich)* Nicht alle! *(unverständlich)* Aber fast alle!

Lars: Aber keiner von euch ist ein Sinti oder ein Roma gewesen, oder?

(Mehrere Kinder lachen.)

Lehrerin: Und wie geht's **dir** dabei? Äh, das ist deine Absicht gewesen, deshalb hast du das Thema ausgewählt. Und wie geht es dir, Lars Wagner, wenn **du das uns** erzählst?

Lars: Gut! Weil ich da eben was erzähle und das interessiert mich, das Thema.

Lehrerin. Es macht ja einen Unterschied, ob du es einem Freund erzählst oder ob du das uns allen erzählst?

Lars: Ich erzähle das euch allen.

Lehrerin: Ist dir das so ganz lieb?

Lars: Ja, das ist mir, ist mir wichtig, weil ich euch das, ähm, ähm zeigen wollte, wie sie leben eben.

Ich hatte die Lehrerin an diesem Morgen gebeten, die Kinder danach zu fragen, wie sie den Erzählkreis finden. Sie hatte dies zugesagt und versucht nun diese Frage zu platzieren. Eigentlich möchte sie ihre Frage an die gesamte Klasse richten, was aber nicht zum routinierten Ablauf und den Praktiken in dieser Phase des Morgenkreises passt. Deshalb versucht sie, die Erfahrungen von Lars bei seinem Vortrag als Ausgangspunkt nutzen, um die Einstellungen der Kinder zum Erzählkreis in Erfahrung zu bringen.

Zunächst holt sie sich von Lars aber die Zustimmung zum Stellen einer Lehrerfrage ein, da sie hier die Routine durchbricht, dass immer nach den Schülerbeiträgen im Morgenkreis auch Schülerfragen gestellt werden können. Gleichzeitig hält sie sich allerdings an die Regel, dass die Wortvergabe durch einen Schüler vollzogen wird.

Auf die Frage der Lehrerin reagiert zunächst nicht der angesprochene Lars, sondern Josef mit einem Zwischenruf. Vermutlich überträgt Josef eigene Erfahrungen, wenn er die Gefühle von Lars zu offenbaren versucht („Er fühlt sich stolz."). Lars widerspricht aber und betont seine Botschaft und sein Ziel („ich will, dass, dass die Klasse nicht auch so sagt, dass die Zigeuner stinken und so und faul sind ...") und den Inhalt seines Vortrags („Ich möchte denen erzählen, wie das ist."). Auf diesen Appell reagieren nun Josef und einige weitere Kinder mit leichtem Widerstand, indem sie hervorheben, dass doch viele Kinder der Klasse selbst Ausländer seien, womit sie auf ihre eigenen Diskriminierungserfahrungen verweisen. Lars kontert, indem er die spezifische Situation der Sinti und Roma hervorhebt.

Die Lehrerin ist mit Lars' Antwort nicht zufrieden und bemüht sich, den Gemeinschaftsaspekt („uns allen hier") des Redens im Kreis zu betonen; vermutlich will sie ihre pädagogischen Absichten bestätigt wissen. Doch Lars antwortet nicht im Sinne der Lehrerin, denn er hat während seines Vortrags die Klassengemeinschaft als getrenntes Gegenüber und sich selbst als herausgehobenen Sprecher erlebt, womit deutlich wird, dass die individuelle Besonderung im Morgenkreis für viele Kinder ein wesentlicher Bestandteil der Herstellung von Gemeinschaft ist.

Die Lehrerin, die jetzt wieder die Wortvergabe übernommen hat, ruft nacheinander einige Kinder auf, die sich gemeldet haben. Auch diese äußern sich nicht zu ihrer Aufforderung, das Sprechen im Erzählkreis einzuschätzen, sondern bringen den Vorschlag vor, im Morgenkreis „noch mehr solche Themen" zu behandeln. Dann will Lars noch einmal drangenommen werden, weil er „noch etwas Wichtiges vergessen" hat. Als er sprechen darf, erklärt er, dass „Zigeuner" sich „Sinti und Roma" nennen und auch so genannt werden wollen. Die Lehrerin antwortet ihm, dass sie den Begriff „Zigeuner" im Protokoll bereits „in Gänsefüßchen" gesetzt habe, was Lars beruhigt zur Kenntnis nimmt. Nun trete ich aus dem Hintergrund und erkundige mich, ob ich „auch etwas fragen" darf, was mir von der Lehrerin und Hiba (sie antworten gleichzeitig) gestattet wird.

„Über die Probleme reden" – die gute Lehrerin

F.H.: Wie ist das für euch, wenn ihr im Kreis z. B. über Streit sprecht.

Einige Kinder *(laut)*: Bäääääähhh.

Irina: Kommt drauf an, was es ist.

Hiba: Wenn wir das machen, dann erzählen wir uns darüber. Und dann sagen wir, wie wir uns gefühlt haben und so. Und das hilft.

(Irina, Lars und Mohammad melden sich.)

Lehrerin: Irina.

Irina: Also, wir sagen das immer, weil, wenn man sich reinfrisst in diese Probleme, dann wird's später noch schlimmer. Und das bereden wir, und dann helfen dann auch die anderen.

Lehrerin: Lars.

Lars: Ich finde es gut, dass man über die Probleme reden kann. Wenn man das nicht macht, wird es nämlich immer noch schlimmer und so. Und dass wir über die Probleme reden, wie z. B. wie bei den Schuhen. Da hätte sie auch sagen können, so Strafarbeit, fertig, aus, geklärt. Und da finde ich es gut, dass wir da drüber reden.

Lehrerin: Mohammad.

Mohammad: Es gibt auch welche, die wollen gar nicht drüber reden. Da sagt einfach die Lehrerin, ach lass sie doch streiten, lass sie streiten, die vertragen sich wieder. Und dann gibt's auf einmal so großen Streit und dann kann's niemand mehr ändern.

Lehrerin: Also, du meinst, über das Reden wird dann der Streit besser.

Mohammad: Und das liegt irgendwie ein bisschen daran, dass wir so 'ne gute Lehrerin haben.

Lehrerin: Oh, Dankeschön, danke, danke *(lacht)*.

Die Kinder bemühen sich nun, die Erwartungen der beiden Erwachsenen, der Beobachterin und der Lehrerin, zu erfüllen. Sie lassen sich auf mein Thema ein und erörtern das „Reden über Streit im Kreis" als sinnvolle pädagogische Maßnahme. Sie erklären, dass es hilfreich ist über Probleme zu reden und Streitsituationen zu klären.

Ihre erste spontane Reaktion („Bääääähhh.") deutet jedoch Ambivalenzen an, denn natürlich kommt es darauf an, um was es bei dem Streit geht (um die Art der Regel- oder Grenzverletzungen), welche Rolle man im Streit spielt (ob Beschuldigter, Schuldiger oder Opfer) und welche Position man im Gespräch einnimmt (ob Beteiligter, Zuschauer oder Ratgeber). Die Kinder nutzen die Rituale der Konfliktregelung teilweise auch zur öffentlichen Aushandlung von Beziehungskonstellationen, wie es schon Breidenstein und Kelle bei der Analyse von Kreisgesprächen über Beschwerden an der Laborschule Bielefeld gezeigt haben (vgl. Breidenstein & Kelle 1998, 84ff.).

Die Schülerinnen und Schüler wissen aber auch, dass die Lehrerin von ihnen erwartet, bei Konflikten die Vermittlung im Morgenkreis in Anspruch zu nehmen. In Pauseninteraktionen, in denen die Lehrerin nicht anwesend ist, gelten aber andere Regeln als im Morgenkreis und so besteht die Gefahr, bei der Thematisierung von Konflikten mit Mitschülern oder Mitschülerinnen einen Imageschaden vor der Lehrerin zu erfahren oder z. B. das Pausenimage zu beschädigen (vgl. de Boer 2006, 169).

Von der Lehrerin werden Konflikte unter den Kindern nicht in erster Linie unter dem Gesichtspunkt der „Unterrichtsstörung" thematisiert, sondern sie möchte soziale Lernprozesse fördern und das Sozialleben ihrer Schulklasse wahrnehmen (vgl. Combe & Helsper 1994, 212). Da die Kinder Angst davor haben, dass ein Streit unkontrollierbar werden könnte, („Und dann gibt's auf einmal so großen Streit und dann kann's niemand mehr ändern."), soll „eine gute Lehrerin" sie davor bewahren. Aus der Perspektive der Kinder schützt die gute Lehrerin vor Eskalationen, vermittelt und sorgt dafür, dass die Kinder im Gespräch bleiben. Wenn die Lehrerin dies leistet, gehen die Kinder ein Arbeitsbündnis im Sinne einer „guten Ordnung" mit ihr ein, um Destruktivität begrenzende Formen zu finden, in denen im Rahmen von schützenden Spielregeln aggressive Strebungen und Konflikte ausgetragen werden können (vgl. Prengel 1999, 133; Prengel 2013).

Zusammenfassung (Donnerstag)

Im Morgenkreis dieser Klasse werden immer wieder Möglichkeiten gegeben, um Schülerfragen platzieren und legitimieren zu können (z. B. nach der Erzählung der Präsidentin zum Zukunftswunsch oder nach Vorträgen der Schülerinnen und Schüler). Hierfür wurden eigene Regeln eingeführt und es sind spezifische Frageituale entstanden. Die Wortvergabe erfolgt in diesen Fällen durch das Kind, welches zuvor einen Beitrag geleistet hat und nun Fragen seiner Mitschülerinnen und Mitschüler beantwortet (im Interaktionsmuster Schülerbeitrag-Schülerfrage-Schülerkommentar). Allerdings sind es keine Schülerfragen, die in den „Dienst der klassenöffentlichen Erörterung eines

Unterrichtsgegenstandes" (Wenzl 2014, 93) gestellt werden, sondern diese Schülerfragen dienen eher dem Geschäft der klassenöffenlichen Darstellung und können als Aushandlung von Peerbeziehungen verstanden werden.

Eine weitere Möglichkeit um Schülerfragen zu initiieren, die in lehrerzentrierten Unterrichtsgesprächen häufiger genutzt wird, besteht darin, dass die Lehrerin sich erkundigt, ob es noch Fragen gebe (im Interaktionsmuster Lehrerimpuls-Schülerfrage-Lehrerantwort). In Bezug auf den bevorstehenden Klassenausflug öffnet die Lehrerin die Situation für Schülerfragen, wendet dann aber verschiedene Strategien und Praktiken des Kommentierens an, mit denen sie diese zum Versiegen bringt: Unterstellung, nur drankommen zu wollen, Hinweis auf schriftliche Informationen, Aufforderung abzuwarten und Verweis auf Routinen. Die Lehrerin entscheidet durch ihre Reaktionen die Fraglichkeit und sie verweigert hier die Anerkennung der Bedeutsamkeit der Schülerfragen (vgl. Wenzl 2010). Durch diesen Umgang mit den Schülerfragen zum Klassenausflug versucht sie, die Zeitknappheit zu bewältigen, und begrenzt die lustvolle Stimmung der Vorfreude auf den Klassenausflug und die mit ihm verbundene Unterbrechung des Schulalltags.

Die Schülervorträge (heute von Lars zum Thema „Sinti und Roma") treffen auf erhöhte Aufmerksamkeit und großes Interesse bei den Kindern. Dass sie sich „mehr solche Themen" wünschen, zeigt, dass inhaltliche Themen durch Kindervorträge passend präsentiert werden können, wenn bei den vortragenden Schülerinnen und Schülern didaktische Kompetenzen vorhanden sind. Allerdings entsteht keine Auseinandersetzung mit den Inhalten.

Die Vortragenden haben als Sprechende im Kreis eine herausgehobene Position und erleben in ihrer Sonderstellung die Klasse als getrenntes Gegenüber. Diese Position stärkt nicht nur das Selbstwertgefühl, sondern bietet auch die Möglichkeit, die Gruppe zu beeinflussen. Die individuelle Besonderung steht der Erfahrung von Gemeinschaft in der Kreissituation gegenüber.

Das Sprechen über Konflikte im Kreis gehört zum Schulalltag der Kinder in dieser Klasse. Die Lehrerin begreift moralische Konflikte nicht als Unterrichtsstörungen, sondern als Lernanlässe und Möglichkeiten, das Sozialleben der Klasse zu beobachten und positiv zu beeinflussen. Die Kinder haben zur Konfliktregelung im Kreis eine ambivalente Haltung. Einerseits kann sie zur öffentlichen Aushandlung von Beziehungen genutzt werden, sie birgt andererseits aber die Gefahr des Imageverlustes vor der Lehrerin oder den Gleichaltrigen. Doch würdigen die Kinder auch, dass sie durch die vermittelnde Konfliktregelung im Morgenkreis Formen vorfinden, die es ermöglichen, Destruktivität zu begrenzen und durch schützende Spielregeln soziale Beziehungen zu thematisieren und Konflikte zu regeln.

5.5 Freitag

Geburtstagsfeier für Magda

Heute beginnt der Kreis in der zweiten Stunde (in der ersten Stunde hatten die Kinder Unterricht bei einer anderen Lehrerin) mit der Geburtstagsfeier für Magda. Susanne und Verena stehen an der Tür und halten diese verschlossen. Davor wartet Magda in Begleitung von Irina und Alena darauf, hereingerufen zu werden. Einige Mädchen stellen zwei Stühle in die Kreismitte und arrangieren auf einem der Stühle einen Korb mit brennenden Kerzen, Bändern und einer zum Geschenk verpackten Kerze. Auf den anderen Stuhl wird ein Kissen gelegt. Als alle Vorbereitungen abgeschlossen sind, stimmt die Lehrerin mit der Gitarre das Lied „Heut ist dein Geburtstag …" an. Nun öffnen Susanne und Verena die Tür und Magda wird von Irina und Alena hereingeführt. Sie halten ihr die Augen zu, bis sie auf ihrem Platz in der Kreismitte sitzt. Magda schaut nun auf den geschmückten Platz und lächelt. Nach dem Lied gratulieren alle Kinder, dann umringen die Mädchen den Stuhl und sprechen im Chor: „Hoch soll sie leben! Hoch soll sie leben! Dreimal hoch!" Alle Mädchen außer Nessrim, die etwas abseits steht, wuchten den Stuhl dreimal hoch. Magda lacht dabei ausgelassen. Als der Stuhl wieder steht, will sie sich erheben, wird aber von den Kindern zurückgehalten. Nun wendet sich die Lehrerin an Magda. Sie steht auf, gratuliert ihr und überreicht ihr das Geschenk mit den Worten: „Magda, das ist eine Geburtstagskerze für dich. Wenn du fröhlich bist und wenn du traurig bist, kannst du sie anmachen." Irina übersetzt die Worte der Lehrerin für Magda. Zum Schluss darf Magda die Kerzen auspusten und alle Kinder klatschen.

    Ich erinnere mich noch genau an Magdas Freude und an mein eigenes Wohlbehagen in dieser Situation: Endlich war Magda einmal Mittelpunkt der Kreisgemeinschaft und das Geburtstagsritual verlangte nicht, dass sie sprechen musste. Die Besonderung, welche die anderen Kinder erleben, wenn sie das Rederecht erhalten, erfährt sie hier an ihrem Geburtstag in anderer Weise. Gleichzeitig wunderte ich mich über die Freundlichkeit und Sorge (z. B. bei der Vorbereitung), die Magda hier durch ihre Mitschülerinnen erfuhr, denn die ihr entgegengebrachte Aufmerksamkeit entsprach ihrer Außenseiterrolle nicht. Es ist deshalb zu vermuten, dass die Zuwendung für Magda aus der Lust der Kinder an der Inszenierung des Geburtstagsrituals und seiner Verankerung im Geflecht der sozialen Beziehungen der Schulklasse entstand. Auch Piper weist bei seiner Analyse eines Geburtstagskreises während einer Versammlung in einem Klassenrat auf diese Eigendynamik und (ambivalente) Macht des Rituals hin (vgl. Piper 1997).

    Das Geburtstagsritual selbst besteht aus verschiedenen Teilhandlungen und Teilritualen: Vorbereitung, Einzug des Geburtstagskindes, Geburtstagslied, Gratulation der Kinder, Hochleben, Gratulation der Lehrerin und Kerzen auspusten. Wichtigster Bestandteil dieses Rituals ist die symbolische Aufnahme des Kindes in den Kreis als herausgehobene Person. Der zentrale Platz in der Mitte des Kreises, das Hochleben und die Wünsche der Lehrerin heben das Geburtstagskind als herausgestelltes Mitglied der Gemeinschaft hervor. Der sich verflüchtigende Rauch, der beim Auspusten der Kerzen entsteht, zeigt das Ende der Feier an.

Nach der Geburtstagsfeier erklärt die Lehrerin, dass trotz des bevorstehenden Klassenausflugs „mit einer Erzählrunde" begonnen werden soll. Sie holt das Protokollbuch und sieht, dass Irina Präsidentin ist. Nachdem Ruhe eingekehrt ist und das Protokoll verlesen wurde, kann Irina ihren Zukunftswunsch formulieren. Sie wünscht sich, dass sie einen Hundewelpen bekommt, der in ihrem Zimmer seinen Platz haben und Beppo heißen soll. Wie zuvor schon, Susanne hofft auch Irina, dass er sich mit dem bereits vorhandenen Hund gut vertragen möge. Dass dieser Teil des Wunsches auch die Chance eröffnet, den anderen Kindern bekannt zu geben bzw. daran zu erinnern, dass sie einen Hund besitzt, belegt Mohammads Reaktion, denn er fragt auf der Stelle: „Hast du einen?" Wie die Präsidentinnen und Präsidenten vor ihr wird auch Irina bei der Auswahl der Kinder bedrängt und die Entscheidung fällt ihr nicht leicht.

Die Qual der Wahl

Lars: Nimm den Josef, er hat 'ne coole Frage.

(Viele Kinder melden sich.)

Irina: Wie viele kann ich noch?

Lehrerin: Eins.

Mehrere Kinder *(rufen)*: Irina. Hier drüben. Irina. Bitte! Bitte!

Irina: Schwere Entscheidung. […] Hiba!

Hiba: Äh, wo kaufst du ihn?

Lars: Frag doch, ob sie ihn vom Tierheim holt oder kauft? Kaufen oder Tierheim?

Irina: Tierheim.

Lehrerin: Moment, ich hab's nicht gehört, die Antwort.

Irina: Tierheim.

Lars: Dann kaufst du ihn ja gar nicht.

Irina: Aber da im Tierheim rumschmoren lassen ist ja auch nicht gut.

Lars versucht, Irina bei der Wortvergabe zu beeinflussen. Vermutlich will er, dass noch ein weiterer Junge aufgerufen wird. Seinen Versuch der Einflussnahme begründet er damit, dass Josef „eine coole Frage" habe. Josef scheint seine Frage in seiner Sitznachbarschaft, die nur aus Jungen besteht, zuvor bekannt gegeben zu haben. Lars kennt die Frage also bereits und bewertet sie zudem. Wieder zeigt sich, dass die Fragen zu einer Art Besitz werden und es nicht in erster Linie darum geht, Informationen zu erhalten oder Wissenslücken zu schließen.

Irina zögert lange und wählt dann Hiba aus, die sich häufig meldet und sowohl von den Kindern als auch von der Lehrerin häufig aufgerufen wird. Lars gelingt es aber, den Impuls von Josef trotzdem einzuspielen, indem er Hibas Frage („Wo kaufst du ihn?") um Josefs Idee („Kaufen oder Tierheim?") ergänzt und tatsächlich reagiert Irina dann auch auf ihn und antwortet knapp und eher leise „Tierheim". Die Nachfrage der Lehrerin bewirkt, dass sie die knappe Antwort erneut wiederholt muss. Ihre Antwort wird schließlich von Lars kommentiert. Sein Kommentar wirkt wie eine Kritik und führt auch zu einer Rechtfertigung durch Irina, die ihre „moralisch gute" Antwort doch eigentlich gar nicht begründen müsste.

Vermutlich war Lars' Kommentar stärker an Hiba als an Irina adressiert und hatte die Funktion, die Frage von Hiba ungültig zu machen und die Auswahl von Hiba anzufechten. In der Sequenz wird zudem deutlich, dass Irinas Zukunftsgeschichte um den Hund Beppo während der Nachfragen teilweise erst entsteht und so auch zu einer kollektiven Geschichte wird.

Nach einer kurzen Debatte unter den Schülerinnen und Schülern um die Wortvergabe durch Irina an vier Mädchen und nur einen Jungen, wird Magda als nächste Präsidentin bestimmt und Irina erklärt sich bereit, ihr zu helfen. Dann bittet die Lehrerin um Vorschläge für „das neue Thema".[24]

Themenwahl und Abstimmung

Lehrerin: Kurze Frage zum neuen Thema. Können wir schon Vorschläge machen? Wollen wir erst mal hören? Abstimmen können wir es am Montag noch mal.

Hiba (*meldet sich und beginnt*): Meine Vorstellung für die …

Lehrerin (*unterbricht Hiba*): Abstimmen können wir's am Montag noch mal.

Hiba: Meine Vorstellung für die …

Lehrerin (*unterbricht Hiba*): Ich sammle per Zuruf.

Hiba: Ich weiß.

---

24 Magda erhält zuletzt das Präsidentenamt und kann dann auch ihren Zukunftswunsch einbringen. David wird noch nicht einbezogen. Anschließend beginnt eine neue Runde und hierfür wird ein neues Thema ermittelt.

Cora: Meine Vorstellung für eine neue Schule.

Hiba: Ja.

Nina: Ja.

Sebastian: Meine Vorstellung, ähh, mein Traum … *(bricht ab oder sehr leise, unverständlich).*

(Einige Kinder lachen.)

Lehrerin: Also meine Vorstellung von der neuen Schule *(schreibt auf)*.

Hiba: Sebastian, du wolltest doch auch was sagen.

Sebastian: Nein.

Lehrerin: *(unverständlich)*

Hiba: Ich weiß schon, was *(lacht)*.

Lehrerin: Zweiter Vorschlag? […] Noch ein Vorschlag?

Hiba: Der Sebastian hat was gesagt.

Lehrerin: **Bitte** Sebastian.

Sebastian: Ähmm, wie, wie heißt es, ähmm *(schlägt sich die Hand vors Gesicht)*. Ich hab's vergessen.

Einige Mädchen *(lachen)*: Jaaa!

Sebastian *(scheint sich zu schämen, spricht zudem schnell und eher undeutlich)*: Mein Traumtyp oder Traumtypin.

Verschiedene Kinder *(rufen)*: Oh nein. Nein. Da bin ich dagegen. Dafür. Dafür. Dagegen. Wer ist dafür, wer ist dagegen? *(Viele Kinder lachen.)*

Lehrerin: Na, ja, also der Traumpartner.

Verschiedene Kinder *(rufen)*: Ähhh, nein. Traumfreunde. Mein Partner. Nein! Verrückt! *(weitere Zurufe sind unverständlich)*.

Lehrerin: Äh, noch mehr Vorschläge?

Josef: Ja, Alena.

Lehrerin: Alena!

Alena: Mein bester Freund, meine beste Freundin.

Josef: Ja, wer ist dafür?

Verschiedene Kinder *(rufen)*: Ja. Ja. Nein. Mein bester Freund ist *(unverständlich)*.

Mohammad: Wo ich schon mein ganzes Leben hinwollte.

Hiba: Das ist wie mein größter Wunsch.

Lehrerin: Wo ich schon immer hinwollte?

Mohammad: Ja, wo ich schon mein ganzes Leben hinwollte.

Lehrerin: Stopp, stopp, stopp. Ein Ort, oder wie meinst du es?

Mohammad: Ja, ein Ort, wo ich schon immer hin wollte.

Verschiedene Kinder *(rufen)*: Nach Hawaii. Auf die Philippinen. *(unverständlich)*

Lehrerin: Ich mache erst weiter, wenn es ruhig ist […]. Ich versteh nichts […]. So *(kniet sich in der Kreismitte auf den Boden und schreibt die Themen auf ein Blatt)*. Erstens „Neue Schule", zweitens „Wunsch- oder Traumpartner".

Mehrere Kinder *(rufen)*: Oohhh. Oh Gott . Ohjeh. *(unverständlich)*

Lehrerin: Drittens „Bester Freund, beste Freundin".

Einige Kinder *(rufen)*: Ja, beste Freundin. Ich nehme neue Schule. *(unverständlich)*

Lehrerin: Viertens „Ein Ort, an den ich immer schon wollte".

Einige Kinder *(rufen)*: Nach Hawaii. In die Karibik.

Lehrerin: Thema **„Neue Schule"**. Wer möchte das Thema? Erstmal als Nächstes, wir können uns ja einigen, alle zu machen, aber in einer Reihenfolge. Thema „neue Schule", **wer** möchte **das** Thema jetzt bearbeiten in der Runde hinterher? Meine neue Schule?

Die von der Lehrerin gestellte Frage nach dem neuen Thema wird rege beantwortet, denn die Schülerinnen und Schüler wissen, dass jeden Tag ein Kind in der Rolle des Präsidenten zu dem ausgewählten Thema wird sprechen können und sprechen müssen. Dieses neue Thema wird die Kinder also etwa einen Monat lang jeden Morgen beschäftigen und Anlass sein für veröffentlichte Geschichten, für die Ordnung der sozialen Beziehungen in der Schulklasse und es wird mehr oder weniger Möglichkeiten bieten, Imagepflege zu betreiben oder auch die Gefahr in sich bergen, einen Imageschaden zu erleiden.

Zunächst fällt auf, dass einige Kinder zuvor bereits über „das neue Thema" gesprochen haben müssen. Es scheint Absprachen gegeben zu haben. So weiß Cora genau, was Hiba einbringen möchte und bringt deren Satz zu Ende. Hiba scheint – obwohl Cora ihr zuvorkommt – darüber nicht ärgerlich zu sein, da das gemeinsame Interesse an der Anmeldung des ersten Themenvorschlags „meine neue Schule", der auch von Nina noch bekräftigt wird, im Vordergrund zu stehen scheint.

Auch der zweite Vorschlag von Sebastian ist „im Raum", bevor er ihn später veröffentlicht. Sebastian scheint sich zu schämen, sein Themenangebot „Traumpartner" laut auszusprechen, wird aber von Alena und Hiba sowie von der Lehrerin bedrängt, dies zu tun. Das von ihm offerierte Thema ist deshalb gleichermaßen riskant und interessant, weil hier die Attraktivität des anderen

Geschlechts zum Gegenstand werden soll. Schon das Aussprechen der Idee beinhaltet das Geständnis, dass es Träume und ein Ideal vom anderen Geschlecht (den Traummann oder die Traumfrau) geben könnte. Dieses Geheimnis zu enthüllen, macht den Reiz der Situation aus, sowohl für Alena, Hiba und einige weitere Mädchen als auch für Sebastian. Wenn die Kinder auf dieses Thema eingingen, würden sie eine gewisse Nähe zum anderen Geschlecht riskieren und in ihrer Phantasie wie in deren Veröffentlichung in der Kreissituation die Geschlechtergrenze übertreten. Dieses Thema birgt die größte Gefahr, einen Imageschaden unter den Peers zu erleiden und die Ablehnung des Vorschlags gerät entsprechend heftig.

Das dritte aufgeworfene Thema, „Freunde", scheint dagegen akzeptiert zu sein. Ihm kommt Demonstrations- und Stabilisierungscharakter zu. Petillon (1993) hat durch seine Kinderbefragung ermittelt, dass ein zentrales Thema bei Grundschulkindern das Finden, die Stabilisierung und Ausweitung fester Freundschaftsbeziehungen ist. Die Schule ist Kontaktbörse für Freundschaften; im Rahmen der Schulklasse will man zeigen, dass man Freund von jemandem ist. Und die Freundschaften, die sich innerhalb der Schulklasse bilden, haben auch außerhalb der Schule große Bedeutung (Petillon 1993, 164; Traub 2005; Traub 2006). Auch Breidenstein und Kelle (1998, 107) schildern in ihrer ethnographischen Studie, dass zur Freundschaft der von ihnen untersuchten 9- bis 12-jährigen Schulkinder in der Laborschule Bielefeld auch deren Inszenierung zur Kenntnisnahme für die Mitschülerinnen und Mitschüler gehört. Weil das Ende der Grundschulzeit bevorsteht und wohl auch, weil die Kinder der beobachteten Klasse schon häufig erlebt haben, dass Mitschülerinnen oder Mitschüler aus dem Stadtteil weggezogen sind oder neue Kinder in ihre Klasse kamen, ist das Thema „wer ist mit wem befreundet" auch aktuell für die Kinder. Äußere Umstände wie das Wegziehen oder Verlieren des Kontakts z. B. bei Schulwechsel sind häufig für das Ende von Freundschaften unter 8- bis 12-jährigen Kindern verantwortlich (vgl. Krappmann & Oswald 1995, 75; Valtin 1991). Bei der Realisierung des Themas ist zudem eine Strukturierung der Schulklasse – besonders nach Geschlecht – zu erwarten, weil die Präferenz gleichgeschlechtlicher Freundschaften inszeniert werden kann (vgl. dazu Thorne 1993, Eder 1995, Krappmann & Oswald 1995, Petillon 1993, Breidenstein & Kelle 1998). Für einige Kinder (z. B. Magda oder Nessrim) ist das Freundschaftsthema allerdings auch riskant, weil sie vermutlich nicht als Freunde genannt werden.

Der vierte Vorschlag von Mohammad („Wo ich schon mein ganzes Leben hinwollte") fordert am deutlichsten zum Inszenieren von Geschichten auf, denn es könnten ferne Länder und traumhafte Orte entworfen werden. Dies entspricht dem Interesse und den Fähigkeiten von Mohammad, der gerne und kompetent phantasievolle Geschichten schreibt und erzählt.

Insgesamt beinhalten drei der vier von den Kindern vorgeschlagenen Themen die Möglichkeit zu phantasieren (die Vorstellungen von der neuen

84

Schule, der Traumpartner/die Traumpartnerin und der Ort, wo ich schon immer hin wollte). Auf die hohe Wertschätzung der Phantasie im Leben von Kindern hat Fatke ausdrücklich hingewiesen (Fatke 1993). Die Vorschläge der Kinder, die von der Lehrerin nicht beeinflusst werden, zeigen, mit welchen Themen sich die beobachteten Kinder gerade beschäftigen möchten: entweder mit der Schaffung von „Wirklichkeiten zwischen Ich und Welt" (Duncker, Maurer & Schäfer 1993) oder mit der bevorstehenden Trennung und Veränderung, die durch das Ende der Grundschulzeit bevorsteht.

Am Ende lässt die Lehrerin, entgegen ihrer zuvor genannten Absicht, doch über die Angebote abstimmen. Die Themen „meine neue Schule" und „mein Traumtyp" erhalten keine Voten. Das Thema „bester Freund, beste Freundin" erhält dreizehn und das Thema „ein Ort, wo ich schon immer hin wollte" drei Stimmen (Josef, Lars und Sebastian). Drei Kinder (Daniel, Magda und ein weiteres Kind, das ich nicht erkennen konnte) beteiligen sich nicht an der Abstimmung. Lars möchte, dass Josef, Sebastian und er „das andere Thema" machen dürfen, was mehrere Kinder mit „Spielverderber" kommentieren. Die Lehrerin erklärt, dass diese Entscheidung in der nächsten Woche getroffen werden müsse, und fordert auf, bis dahin noch einmal über das Problem nachzudenken.

Danach weist sie darauf hin, dass gleich nach der Frühstückspause der Ausflug beginnt und alle gemeinsam zum Bus gehen sollen. Sie will wissen, ob alle Kinder eine Buskarte oder Geld dabei haben.

Kein Baby mehr!

Lehrerin: Buskarte! Wer hat eine Buskarte? Hand hoch!

(*Viele Kinder melden sich. Es ist unruhig.*)

Lehrerin: Gegenfrage. Wer hat keine?

(*Einige Kinder melden sich.*)

Lehrerin: Susanne, hast du Geld mit?

Susanne: Ja.

Lehrerin: Für zwei?

Susanne: Ja.

Lehrerin: Kannst du alleine bezahlen?

Irina: Sie ist doch kein Baby mehr.

Anton: Sie hat doch Buskarte.

Lehrerin: Warum hast du dich eben gemeldet?

Nessrim: Sie hat so gemacht (*imitiert die Bewegung von Susanne*).

Lehrerin: Ach so. Lasst doch die Finger mal oben. Ich will sehen, wer noch Hilfe braucht (*schaut sich um*). Geld dabei, Yilmaz?

Yilmaz: Ja.

Lehrerin: Josef?

Josef: Nein.

Lehrerin: Dann kommst du nachher zu mir. […] Mohammad?

Lars: Ich hab fünf Mark dabei. Ich gebe dem Mohammad von meinem ab.

Lehrerin: Gut, das macht ihr selber. Dann brauche ich keinem zu helfen außer dem Josef.

Irina: Der Magda auch.

Lehrerin: Josef und Magda kommen zu mir (*Sie wendet sich Irina zu.*) Erklärst du es ihr. (*Irina geht ebenfalls nach vorne, um für Magda zu übersetzen.*)

Lehrerin: Gut. Frühstückspause!

(*Die Kinder stellen ihre Stühle an die Plätze und gehen in die Pause.*)

Ganz zum Schluss des Morgenkreises am Freitag werden in Eile und in eiligem Sprachstil organisatorische Dinge geklärt. Wieder einmal ist die Ressource Zeit im Morgenkreis knapp oder knapp geworden.

Die Lehrerin ist hier an einer sachlichen Klärung der Frage, wer noch Geld für den Bus braucht, interessiert. Es geht ihr in dieser abschließenden Szene weniger um Kontrolle als um Hilfe, denn sie formuliert keinerlei Vorwürfe, wenn Geld oder Buskarten fehlen. Eine Streckbewegung von Susanne interpretiert sie als Hilfegesuch und fragt zunächst, ob Susanne Geld dabei hat. Als diese bejaht, will die Lehrerin wissen, ob Susanne Hilfe beim Bezahlen benötigt. Diese Interpretation weist Irina mit den Worten zurück, dass Susanne „doch kein Baby" sei. Susanne orientiert sich damit routiniert und hierarchisierend an Entwicklungsnormen. Anton führt zudem an, dass Susanne eine Buskarte besitze, womit sachlich hervorgehoben wird, dass sie überhaupt nicht bezahlen muss. Nessrim klärt die Lehrerin schließlich auf, dass Susanne sich überhaupt nicht gemeldet habe und verweist damit auf die Melderegel.

Die Lehrerin nimmt ihre Fehler gelassen zur Kenntnis („Ach so") und sie geht auch nicht direkt auf Irinas Abgrenzung ein. Sie versucht weiterhin zu klären, welches Kind Hilfe braucht. Dabei entsteht das Problem, dass sich die Kinder als hilfebedürftig präsentieren müssten, was einen Imageverlust auf Seiten der Peers bedeuten könnte. Zudem werden sie aufgefordert, durch Selbstanzeige zu offenbaren, dass sie einem Auftrag der Lehrerin nicht selbstverantwortlich nachgekommen sind, was Imageverlust bei der Lehrerin implizieren könnte. Die Situation markiert unverkennbar die Gefahr „als Baby", d. h. als unfähig, unselbständig und hilfebedürftig angesehen und bloßgestellt zu werden.[25]

Insgesamt fällt in der Szene auf, dass sich alle Beteiligten (Schülerinnen, Schüler, Lehrerin) in Bezug auf die zu klärende Situation sozial aufmerksam und entgegenkommend verhalten. Lars erklärt, dass er Mohammad das Busgeld borgt; die beiden Jungen haben dies schon selbstständig geklärt. Die Lehrerin selbst leiht Josef und Magda das Geld für Buskarten, wobei Irina hilft, indem sie übersetzt. Insgesamt wird eine solidarische Grundstimmung deutlich, die auf das gute soziale Klima in dieser Klasse verweist.

Ich möchte die Ergebnisse der Analyse des letzten Morgenkreisgespräches noch einmal zusammentragen, bevor ich die Perspektiven der Interviewten einbringe und dann die Strukturen im Morgenkreis herausarbeite.

Zusammenfassung (Freitag)

Der Morgenkreis am Freitag beginnt mit einer Geburtstagsfeier für Magda, die als Ritual gestaltet wird. Die Besonderung, die andere Kinder erleben, wenn sie das Rederecht erhalten, erfährt Magda, die nicht deutsch spricht, durch ihre symbolische Aufnahme in die Gemeinschaft der Schulklasse als herausgehobene Person. Die Aufmerksamkeit, die Magda von ihren Mitschülerinnen und Mitschülern entgegengebracht wird, steht im Gegensatz zu ihrer sonstigen Außenseiterrolle. Die Zuwendung für Magda ergibt sich aus der Verankerung des Rituals im Geflecht der sozialen Beziehungen der Schulklasse und der Freude aller Kinder an dieser Inszenierung.

Die Präsidentin Irina reiht sich mit einem Zukunftswunsch in die lange Reihe der Kinder ein, die sich ein Tier wünschen. Wie alle Kinder vorher, bevorzugt Irina ihre Geschlechtsgruppe bei der Wortvergabe. Wie die Präsidentinnen und Präsidenten an den vorherigen Tagen, wird sie bei der Auswahl bedrängt und die Entscheidung fällt ihr schwer. Wenn die Wortvergabe von Kindern durch andere Kinder angefochten wird, spielt die Frage der Geschlechtergerechtigkeit und die Konkurrenz um die bessere moralische Haltung eine zentrale Rolle.

Die Schülerfragen an die Präsidentin werden teilweise schon vorher lanciert und wurden auch bereits von den Peers bewertet. Insgesamt geht es stärker darum, sie veröffentlichen zu können, als darum, Informationen zu erhalten oder Wissenslücken zu schließen. Es zeigte sich, dass sogar Strategien entwickelt werden, um Fragen nachträglich ungültig zu machen.

Die Aushandlung des neuen Erzählthemas wird engagiert betrieben. Die Themenvorschläge der Kinder weisen auf das, was sie gerade beschäftigt: das bevorstehende Ende der Grundschulzeit und die neue Schule, ihre Freund-

---

25 Zur Problematisierung des Helfens unter Kindern in der Grundschule vgl. auch Krappmann
& Oswald 1995.

schaften, die Ausstrahlung des anderen Geschlechts und Risiken der Nähe zu diesem oder auf Traumwelten und damit Raum zum Phantasieren und zur Schaffung von „Wirklichkeiten zwischen Ich und Welt" (Duncker, Maurer & Schäfer 1993). Die Aushandlung der Themen zeigt aber auch, dass bestimmte Gegenstände besser geeignet erscheinen, um zur Imagepflege auf der klassenöffentlichen Kreisbühne zu dienen und den Imageverlust zu vermeiden. Auch bei der Aufforderung der Lehrerin zur Formulierung eines Hilfeersuchens wird deutlich, dass eine solche Selbstanzeige die Gefahr eines Imageschadens im Rahmen der Klassenöffentlichkeit mit sich bringt.

Der Blick in den Alltag der Morgenkreise in Klasse A eröffnete insgesamt ein vielschichtiges und gleichzeitig routiniertes Geschehen. Alle Kinder waren an diesem Geschehen in irgendeiner Weise beteiligt, auch wenn der Grad der Partizipation unterschiedlich war und drei Kinder sich besonders stark einbrachten. [26]

5.6 Rückblickende Einschätzungen der Lehrerin und ausgewählter Kinder

Nach diesem Durchgang durch die Kreissituationen einer Woche werden nun Sichtweisen der Lehrerin und ausgewählter Kinder vorgestellt. Es geht hier nur darum, die Beobachtungsergebnisse und Interpretationen durch die Perspektiven der Beteiligten zu ergänzen. Die geführten Leitfadeninterviews wurden themenzentriert, also subsumtionslogisch und nicht sequenziell, rekonstruktionslogisch ausgewertet. Im Interview mit der Lehrerin liegt der Schwerpunkt der Darstellung auf dem Konzept des Morgenkreises, dessen Entwicklung und Begründung.

Der Morgenkreis aus der Perspektive der Lehrerin

Das Leifadeninterview mit der Lehrerin zu ihren Erfahrungen mit Kreisgesprächen fand mehr als zwei Jahre nach den Videoaufnahmen statt.[27] Inzwischen hatte Anne Abel eine Tätigkeit in der Lehrerausbildung übernommen und unterrichtete nur noch stundenweise als Fachlehrerin an ihrer Grundschule. Zum Zeitpunkt des Interviews arbeitete sie seit 25 Jahren als Lehrerin, davon 21 Jahre an derselben Grundschule.

---

26 Bei den drei Kindern handelte es sich um Hiba, Lars und Sebastian. Hiba und Lars wurden von mir einige Monate später auch interviewt.

27 Es ging mir in dem Interview mit Anne Abel um ihre Konzeption der Kreisgespräche und nicht um ihre Erfahrungen in der beobachteten Klasse. Deshalb war der zeitliche Abstand nützlich.

Gemeinsame Klassengespräche waren ihr seit Beginn ihrer Tätigkeit als Lehrerin wichtig. Anfangs habe sie versucht, diese das von den Gruppentischen aus zu führen. *„Dann habe ich gemerkt, dass es vielleicht besser ist im Kreis, habe es ausprobiert und es dann so gemacht."*

Im Laufe der Zeit veränderte sich ihre Praxis der Kreisgespräche. Sie beschreibt ihre Veränderung der Konzeption von eher unterrichtsbezogenen Inhalten und einer organisationsorientierten zu einer übergangs- und partizipationsorientierten Funktion. *„Früher war es mehr so, dass der Gesprächskreis Sicherheit geben sollte im Reden und ich konnte dort besser Gemeinsames ansprechen. Dann wurde er außerdem zu einem ganz verdichteten Anfangsritual, bei dem mir wichtig wurde, dass alle Kinder gleichberechtigt anfangen und handeln konnten. Jeder sollte die gleichen Rechte haben. In dem Ritual gab es bestimmte Regeln, die einzuhalten waren."*

Anne Abel führte Kreisgespräche schon in der Einschulungssituation in ihren Klassen ein und sie erinnert sich in diesem Zusammenhang an eine Szene, die sie besonders beeindruckt habe. *„Was ich nicht vergessen kann, war gerade am ersten Tag, am ersten Schultag, wo ich einen Kreis gebildet habe und ein Kind, das gerade im Kreis schwätzte, drannahm und dieses Kind sagte: ‚Warum nimmst du mich dran, ich habe mich gar nicht gemeldet!' Und das kann ich deshalb nicht vergessen, weil das auch mit mir zu tun hatte und weil es mir die Kehrseite deutlich zeigte. Ich dachte, ja, warum nehme ich die eigentlich dran im Kreis, da habe ich eigentlich kein Recht dazu. Weil das dieses konfrontierende und reglementierende Drannehmen auch war, das da für mich auch in Frage gestellt wurde. Das hat mich stark geprägt, das bleibt mir unvergessen."*

Die Lehrerin beschreibt hier, wie sie eigene Interaktionsmuster in Frage zu stellen beginnt. Die Äußerung des Kindes, dessen schulische Sozialisation erst bevorstand, konfrontierte sie demnach mit reglementierenden Praktiken ihres Lehrerinnenhandelns. Sie problematisiert unterrichtliche Interaktionen, in denen der Aufruf durch die Lehrerin und die Zuweisung des Wortes auch dann eine Redepflicht impliziert, wenn kein Redewunsch angezeigt wurde (vgl. Wenzl 2014, 25ff.).

Anne Abel berichtete auch von Korrekturen, die sie bei der Moderation der Kreisgespräche nach und nach vorgenommen habe. Sie habe *„aus Fehlern gelernt"*. Als bedeutende Veränderungen hebt sie hervor, *„dass ich mich rausgenommen habe aus der Leiterrolle (...) (...) dass ich Einfluss nehme durch wenige Impulse, also weg aus den Frage-Antwort-Spielen hin zum Impuls reingeben"* und *„dass ein Austausch durch Nachfragen einsetzte und die Kinder auch lernen konnten, sich aufeinander zu beziehen"*.

Mit dem Kreis verbindet sie also eine andere Form unterrichtlicher Interaktion als im frontalen Plenumsunterricht, für den das Frage-Antwort-Rückmeldemuster kennzeichnend ist, von dem sie sich hier distanziert.

Außerdem seien mit längerer Nutzung der Kreisform die Protokolle wichtig geworden *„die habe ich auch zu Hause getippt und dann ausge-*

druckt. Die habe ich auch teilweise als Arbeitstexte genutzt, aber auch als Buch für jedes Kind am Ende des Schuljahres. Man konnte dadurch auch prüfen, wer wie oft dran war."

Das Protokoll diente ihr, das zeigte sich auch in den Beobachtungen, als wichtiges Steuerungsinstrument und sie schrieb ihm zudem eine Rückmeldefunktion zu. *„Da habe ich durch das Mitschreiben noch mal besser kontrollieren können, denn da hatte ich es ja sozusagen schwarz auf weiß stehen. Da habe ich auch nachgerechnet, wer Nachfragen hat stellen können und wer nicht. Ich konnte sehen, wer ist am meisten drangekommen, wer am wenigsten. Ich habe das dann auch zurück in die Klasse gegeben. Und das hatte dann auch Einfluss, dass eine andere Verteilung dann stattgefunden hat, dass die Kinder dann andere Kinder drangenommen haben. Vorher war das stärker vom Zufallsprinzip abhängig, wer dran war und wer nicht. Das gehörte für mich auch zum Lernprozess, sich das als Selbstkontrolle noch mal klar zu machen."*

Sie betonte zudem, dass das Protokoll auch ein partizipatives Element und ein Beitrag zur Demokratie gewesen sei. *„Ja, das habe ich auch erst von den Kindern gelernt, denn in der Phase der mündlichen Wiedergabe sind mir auch solche Dinge entgangen, wenn es unsauber war. Das hat auch wieder etwas mit dem demokratischen Gefühl zu tun (lacht). Das ist ja beim Protokoll so, dass Erwachsene das erst genehmigen müssen. Und das steht Kindern genauso zu."*

Zudem sei mit dem Protokoll der Wechsel aus der Rolle der Lehrerin in die der Schreiberin verbunden gewesen. Ihre Rolle sei es damit gewesen, genau hinzuhören, nicht aber, die Kinderaussagen zu bewerten. *„Das war so der Impuls, der Klasse auch noch mal deutlich zu machen, ich habe meine Aufgabe hier nur als Schreiberin. Und selbst, wenn ich es persönlich verstanden habe, muss ich einfach in der Sache noch mal zurückfragen, ob ich richtig interpretiere. Das, glaube ich, ist gut angekommen, weil ich da nicht so viel reinprojizieren konnte."*

Ferner schätzte sie das Protokoll als ein Mittel zur Selbstdisziplinierung und Entspannung ein. *„Und es war für mich auch eine Entspannung, eine Entkrampfung, weil ich dabei wirklich besser zuhören konnte. Selbst wenn ich gestresst war, bin ich dabei zur Ruhe gekommen. Das empfand ich als große Hilfe für mich selbst auch."*

Die Lehrerin betonte im Interview, dass der Morgenkreis eine wichtige Möglichkeit sei, um die Kinder am Klassengeschehen zu beteiligen. Das gelte auch für die Kinder, die ungleiche sprachliche Bedingungen hätten. *„Also am Anfang waren es vor allem die aktiven Kinder, die sich beteiligt haben. Später dann auch die Ruhigeren, erstens durch die gleichen Grundlagen, durch die vertrauten Rituale auch und durch die gleichen Möglichkeiten."*

Anne Abel bemühte sich in ihren Klassen um gleiche Chancen für Mädchen und Jungen; deshalb habe sie im Kreis Regeln für die Vergabe des Wortes eingeführt. *„Also wenn es nicht gesteuert wird, nehmen Mädchen Mädchen dran und Jungen Jungen."*

Wichtig war ihr auch die Konfliktklärung im Kreis. Sie wollte über die Konflikte zwischen verschiedenen Gruppierungen von Kindern Bescheid wissen, um gegebenenfalls eingreifen zu können. Als Beispiel nannte sie Konflikte zwischen Jungen und Mädchen. *„Ja, das Jungen-Mädchen-Thema hat sich immer wieder entladen (...) (...) Und wenn es sich so polarisiert, dann war es wenigstens im Raum. Und dann gab es immer noch die Möglichkeit, es so zu lassen, wie es war, oder zu entscheiden, das steuere ich."* Sie berichtet in diesem Zusammenhang von einer Mutter, die ihr vorgeworfen habe, die Jungen zu benachteiligen. Diesen Vorwurf wies sie zurück, räumte aber ein: *„Jungen da mehr Freiräume bei Aggressivität zuzugestehen, das kann sein, dass ich da allein durch meine Art zu sein, da sehr viele Vorgaben gemacht habe. Ich bin kein so aggressiver Mensch und möchte gerne, dass es ausgesprochen wird. Ich versuche das zu rationalisieren."*

Sie habe im Morgenkreis auch eigenes Unbehagen thematisiert. *„Ich habe es ja auch genutzt, wenn ich eine Störung hatte, also wenn ich jetzt angesammelte Wut oder Unzufriedenheit verspürt habe, dann habe ich mich auch mit ihnen in den Kreis gesetzt, weil ich meine Schwierigkeiten, ja, mit gleichem Zungenschlag mitteilen wollte."*

Die Interviewte erinnert sich auch an Unsicherheiten in Kreissituationen, z. B. als ein Kind außergewöhnlich heftig weinte, *„und ich eine Zeit lang nicht wusste, wie gehst du jetzt mit den Emotionen um, was machst du jetzt"* oder *„wie ein Kind erzählt hat, wie Alkoholmissbrauch zu Hause passiert ist. Da ist es dann auch schwer, da zu reagieren"*.

Sie berichtete, dass der Kreis als Morgenritual in ihren eigenen Klassen immer akzeptiert war. Ablehnung von Kreisgesprächen durch Schülerinnen und Schüler sei manchmal entstanden, wenn sie als Fachlehrerin und nicht als Klassenlehrerin den Kreis als Plenum zum Austausch nach Einzelarbeit oder für fachliche Unterrichtsgesprächen genutzt habe. Die eigenen Klassen hätten gegen den Morgenkreis aber nie rebelliert. *„Das war Ritual und das war emotional gekoppelt von der Einschulung an. Da musste man z. B. am Schluss des Kreises alle Zuckertüten auf den Boden legen. Das hatte immer mit Emotionalität zu tun, die dann auch im Kreis angesiedelt war. Da waren schon in der ersten Situation Bilder in der Mitte und Dinge, die aus der Zuckertüte kamen. Also der Kreis hatte etwas Zentrales und etwas, wo etwas von den Kindern passierte. Auch in der Ecke konnten wichtige Dinge passieren, aber im Kreis passierte eigentlich das gemeinsame Interaktive."*

Zusammenfassend möchte ich festhalten, dass die Lehrerin im Kreis eine andere Form unterrichtlicher Interaktion mit der ganzen Klasse realisieren wollte als im Frontalunterricht üblich. Von dessen Frage-Antwort-Rückmeldemuster grenzt sie sich explizit ab. Um diese andere Interaktionsform selbst meistern zu können, wechselt sie in die Rolle der Protokollantin, mit der verbunden ist, genau hinzuhören und Äußerungen zu dokumentieren, sie aber nicht zu bewerten.

Den Morgenkreis nutzt sie zur Förderung der Kommunikationsfähigkeit ihrer Schülerinnen und Schüler und sie sieht ihn als geeignetes Forum zur Partizipation von Kindern in der Schule. Regeln zur Wortvergabe durch die Kinder wurden eingeführt, um gleiche Beteiligungschancen von Jungen und Mädchen zu sichern. Der Morgenkreis dient ihr auch als ein Instrument zur Konfliktregelung mit dem Ziel, Konfliktpotential zu entschärfen und Emotionen zu regulieren.

Nicht zuletzt betont sie, dass der Morgenkreis ein bewährtes Anfangsritual in ihren Klassen geworden sei, das gemeinschaftsfördernd wirkte und Halt zu geben vermochte.

Der Morgenkreis aus der Perspektive ausgewählter Kinder

Aus der Klasse A wurden zwei Kinder, Hiba und Lars, einzeln zu ihren Erfahrungen mit Kreisgesprächen befragt. Beide hatten sich an den Gesprächen rege beteiligt.

Die beiden Leitfadeninterviews fanden wenige Monate nach der Grundschulzeit und dem Wechsel an neue Schulen statt. Hiba besuchte nun eine Gesamtschule, Lars ein Gymnasium. Mich interessierte, wie die Kinder – mit neuen schulischen Erfahrungen – auf die Kreisgespräche zurückblickten. Beide Kinder konnten sich gut an mich erinnern, denn ich hatte die Klasse auch nach meinen Videoaufnahmen noch mehrfach besucht. So hatte ich ihnen und ihren Eltern z. B. Ausschnitte aus den Videoaufnahmen vorgeführt und war auch bei der Abschlussfeier der Klasse am Ende des vierten Schuljahres anwesend.

Hiba und Lars waren sofort zu einem Interview bereit und auch die Eltern stimmten ohne Zögern zu. Die Interviews wurden in den Wohnungen der Kinder geführt, jeweils im Wohnzimmer. Die Eltern waren nicht im Raum anwesend.

Für Hiba und Lars war die Zeit der Kreisgespräche vorüber, als wir uns trafen. Auf meine einleitende Frage, ob sie in ihrer neuen Schule auch Gespräche im Kreis führen würden, verneinten die Kinder dies und argumentierten, dass der Platz dafür im neuen Klassenraum fehle, kein Interesse bei ihren Lehrpersonen vorhanden und die Zeit zu knapp sei. Hiba antwortete: *„Nein, weil erstens in der Klasse ist kein Platz und der Lehrer interessiert sich nicht dafür."* Und Lars meinte: *„Nein, das machen wir nicht. Also, ich habe schon von vielen Freunden gehört, die machen jetzt Projektwoche und so was. Wir haben fast gar keine freie Zeit auf meiner Schule, weil wir müssen halt das Tempo halten und halt schwere Fächer machen, Latein und so. Da kann man halt nicht mehr miteinander reden. Es ist halt so wenig Zeit dafür."*

Beide Kinder erinnerten sich gern an die Kreisgespräche zurück. Hiba fiel zuerst *„das Protokoll"* ein. Dann erinnerte sie sich an *„Frau Abel, die ganzen Kinder im Kreis"*. Sie meinte, dass die Kreisform gut für Gespräche geeignet sei: *„Wenn wir dann so am Tisch saßen, dann, ja dann konnten wir halt nicht miteinander reden und im Kreis konnte man das besser."* Außerdem war ihr wichtig, dass die berichteten Erlebnisse schriftlich festgehalten wurden.

Die ersten Assoziationen von Lars zu den zurückliegenden Kreisgesprächen lauteten: *„Interessanter Unterricht, einfach! Man gestaltet den Unterricht anders, man fängt irgendwie Schule mit etwas Freiem an. Man hat halt freie Zeit, wo man über sich erzählen kann und von den anderen hören, was sie denken und gerne machen oder wie sie sich ihre Zukunft vorstellen oder so."* Ihm fehle an der neuen Schule der Rahmen für solche Gespräche, weil Kinder auf dem Schulhof oder, wenn sie sich treffen, *„lieber etwas anderes"* machten. Damit thematisiert er, dass im Morgenkreis eine spezifische Interaktionssituation entsteht, die sich sowohl von der Pause als auch vom übrigen Unterricht unterscheidet.

Auf meine Frage, welche Themen sie im Kreis vermieden hätten, erklärten sowohl Hiba als auch Lars unabhängig voneinander, dass sie im Kreis *„nicht über Probleme innerhalb der Familie"* gesprochen hätten.

Hiba und Lars erinnerten sich gerne an konkrete Situationen und Geschichten. Hiba erwähnte dass es ihr gut gefallen habe, im Kreis zu erzählen, *„weil da alle gut zuhören können und das aufgeschrieben wird und dann vorgelesen wird"*. Sie führte aus, dass sie eine 22-seitige, von ihr verfasste Geschichte über den Streit zweier Geschwister vorgelesen habe. Und ihr war ein Wochenendbericht von Mohammad gegenwärtig, der einmal von Bienen verfolgt und mehrfach gestochen wurde. Auch ein Streitgespräch mit Mohammad schildert sie sehr anschaulich. Beide Kinder hätten in der Kreismitte gesessen und einander so lange Schimpfwörter gesagt, bis ihnen keine mehr eingefallen seien.

Als ich Hiba fragte, an welche Themen sie sich noch erinnere, nannte sie: *„Was das Wichtigste im Leben ist und wie wichtig Freunde sind und welche Religion wir haben."* Hiba wusste auch zu berichten, dass sich die Kreisgespräche verändert haben. Der Vorschlag, zu bestimmten Themen zu erzählen, sei von den Kindern gekommen und sie selbst war daran als Initiatorin beteiligt. *„Dass wir dann verschiedene Themen haben, das haben wir uns alle ausgedacht. Da habe ich gesagt, wir können ja bestimmte Themen machen, über die dann alle Kinder dann was sagen müssen."*

Auch Lars ging im Interview auf den Wandel der Kreisgespräche ein. Schon am ersten Schultag seien *„Namensspiele im Kreis"* gespielt worden. Im ersten Schuljahr seien dann im Kreis auch *„oft Witze erzählt"* und später dann *„die Themen"* eingeführt worden.

Lars fand auch die Wochenendberichte montags anregend, weil er da hörte, was die anderen machen, und auch auf die Idee gekommen sei, bestimmte Kinder mal anzurufen und sich zu verabreden, wenn sie z. B. erzählten, dass ihnen langweilig war.

Außerdem hob er die Konfliktregelung im Kreis im Vergleich mit der neuen Schule, die er in einen negativen Gegenhorizont setzte, positiv hervor: *„Und dann wurde der Konflikt halt, wurde vorgemacht, dass jeder sagte, was der andere getan hat, und dann wurde halt gesagt, dass es nie wieder vorkommt und so war der Konflikt sofort gelöst. Sehr einfach und schnell. Wenn das in meiner Schule auch so wäre, wär es gut. Bei mir werden Konflikte auf der Schule nur noch so gelöst, dass das gesagt wird und der Andere kriegt einfach nur Ärger und mehr nicht.“*

Lars erinnerte sich – als ich ihn darauf ansprach – auch noch sehr genau an seinen Zigeunervortrag und auch an seine damaligen Motive: *„Ja, ich wollte halt den andern vom Leben von denen erzählen (...) (...) das ist ein wichtiges Thema für mich, halt. Ich bin gegen die Ausländerfeindlichkeit, wozu soll das denn gut sein? Ich kann genauso gut, mir ist es egal, wo mein Freund herkommt. Er muss nett sein und wenn er nett ist, dann ist es okay. Er muss freundlich sein, gutmütig und halt alles haben, was ein Freund hat, und dann ist es auch egal, wo er herkommt.“*

Ich wollte von beiden Kindern wissen, ob sie sich an Regeln im Kreis erinnern. Hiba verneinte dies zunächst, doch als ich konkreter nachfragte (z. B. nach den Namenskarten, dem Begrüßungslied, dem Stab o. ä.), konnte sie mir die damit verbundenen Rituale und Regeln sehr genau beschreiben. Lars rief sich zunächst die zentralen Gesprächsregeln ins Gedächtnis, die in der Klasse als Plakat auch angeschlagen waren: *„Eine der Hauptregeln war natürlich nicht reden miteinander, nicht Gespräche führen, die nicht zu dem Hauptgespräch dazu passen und auch nicht untereinander reden und [...] melden, wenn man etwas zu sagen hat oder eine Frage hat. Und mehr Regeln gab es nicht.“* Als ich ihn dann fragte, wie der Präsident bzw. die Präsidentin bestimmt wurde, erklärt er mir alle damit zusammenhängenden Regeln und Rituale ganz genau. Teilweise benannte er dabei auch Veränderungen oder Symbolisierungsprozesse. Über den Stab sagte er z. B. folgendes: *„Der Stab war die Redenszeit, wie viel Zeit man schon verbraucht hat. Und wenn die Sternchen nach unten gesunken waren, glaube ich, war die Zeit zu Ende. Das war, glaube ich, am Anfang schon. Nachher ist es so geworden, dass der Stab einfach nur als Symbol da war.“*

In den Interviews mit Hiba und Lars wollte ich von ihnen auch erfahren, wie sie ihren Platz im Kreis gewählt haben. Beide Kinder haben ihre Plätze sehr bewusst bestimmt. Lars setzte sich meist neben Sebastian *„weil er (Sebastian,f.H.) hat sich sehr da mit beteiligt, dass ich einfach gar nicht mit ihm reden hätte könnte. Und mir hat es einfach Spaß gemacht aufzupassen.“*

Hiba setzte sich *„neben die Alena, da, wo die Mädchen saßen“*. Als ich ihr meine Beobachtung schildere, dass sie zudem häufig in der Nähe der Lehrerin gesessen habe, erklärt sie: *„Ja, weil das war wegen dem Lesen. Da* *wollte ich die Erste sein, aber nicht die Letzte.“* Sie setzte sich mit Alena also gezielt neben die Lehrerin, damit sie beim Vorlesen früh an die Reihe kam. Ihre Platzwahl beruhte demnach auf der Beobachtung, dass die Lehrerin das Wort beim Lesen meist in der Kreisfolge und von ihrem eigenen Platz ausgehend vergab.

Das Interview wurde für Lars wie für Hiba auch zum Anlass, über Beziehungen in der Klasse zu sprechen. Beide Kinder haben nach der Grundschulzeit ihren besten Freund bzw. ihre beste Freundin verloren, für Hiba war dies Alena, für Lars war es Sebastian.

Beide Kinder erklären mir unabhängig voneinander, dass Magda, Irina und Nessrim in der Klasse *„Außenseiterinnen“* gewesen seien. Bei den Jungen – so erläutert Hiba – habe es keine Außenseiter gegeben. Hiba differenzierte auch an anderen Stellen des Gesprächs zwischen Jungen und Mädchen. Sie beschwerte sich über verschiedene Jungen, z. B. über Sebastian, der *„zu ausführlich erzählt und dabei gelangweilt“* habe, oder über Josef, *„den Schlimmsten“*, neben dem sie einige Zeit habe sitzen müssen, als die Lehrerin wegen der Unruhe in der Klasse die Sitzordnung geändert habe und Mädchen neben Jungen sitzen mussten. Sie erinnerte sich auch an Konflikte um den Klassenball, den die Jungen in der Pause immer hätten haben wollen. Als ich danach fragte, wie es mit Daniel, dem neuen Kind in der Klasse, weiterging, erinnert sich Hiba, dass die Jungen ja einen weiteren Jungen in der Klasse hätten haben wollen und Daniel dann auch nur Kontakt zu den Jungen gehabt hätte.

Hiba und Lars stimmten darin überein, dass Frau Abel *„eine gute Lehrerin“* gewesen sei. Lars hob explizit hervor, dass sie *„guten Unterricht“* gemacht habe, und Hiba meinte, dass sie *„gut erklären“* konnte. Außerdem habe sie die Kinder bei schlechten Leistungen ermutigt. *„Und die redet, also z. B. bei einer Note, die sagt nicht gleich, hier du hast eine Fünf. Sie redet mit dir darüber, sagt, warum das so ist und wie man sich bessern kann und alles.“*

Beide Kinder berichteten aber auch, dass Frau Abel nicht bei allen beliebt und *„keine liebe Lehrerin“* gewesen sei. Sie habe *„manchmal zu viel rumgeschrien“*, erklärten Hiba und Lars wortgleich in den getrennten Interviews. Hiba meinte außerdem, dass Frau Abel manchmal ungerecht gewesen sei und bestimmte Kinder bevorzugt habe. Hiba vermutete, dass sie selbst zu diesen bevorzugten Kindern gehört habe.

Auf die Frage, welche Regeln für Lehrerinnen und Lehrer im Kreis gelten sollten, forderten beide Kinder mehr Symmetrie ein. Hiba erläuterte: *„Ja, die sollten auch mitmachen. Also, die sollten nicht nur immer den Kindern zuhören, dass die aber auch mal etwas erzählen über sich. Frau Abel hat nie etwas erzählt über sich.“* Als weitere Anliegen formuliert sie: *„ ... dass z. B. die Präsidentin aufschreibt, was die Kinder erzählen, und nicht die Lehrerin. Und dass sich halt der Lehrer raushalten soll und der Präsident halt das Sa-*

gen hat, weil der hat ja die Klingel und den Stab. Und dass dann der Lehrer den Schülern auch zuhört, weil immer unterbricht sie jemanden."

Lars meinte: „Ja, sie soll eigentlich wie ein Kind sein. Aber auch, wenn es irgendwie laut wird, dass sie auch das dann regelt, aber sich ansonsten aus den Gesprächen raushält irgendwie. Ich kann es jetzt nicht beschreiben, also sie kann auch Fragen haben, aber sie sollte sich eigentlich wie ein Kind verhalten. Halt nur manche ermahnen, wenn sie irgendwie laut sind. Also Assistent, das wäre gut, die Lehrerin soll Assistent spielen."

Die Erinnerungen der beiden Kinder an den Morgenkreis waren fast durchgängig positiv. Interessant war, wie genau sich die Kinder an einzelne Szenen, Situationen, Abläufe und Regeln erinnerten.

Die Kreisgespräche wurden von anderen Unterrichtssituationen und auch von Pausen- und Freizeitsituationen unterschieden. Für die Kinder stellen sie einen spezifischen Interaktionsrahmen im Unterricht zur Verfügung, den sie sowohl von anderen Interaktionssituationen im Klassenraum als auch von den Pauseninteraktionen deutlich unterscheiden.

Den Kindern war es wichtig, im Morgenkreis miteinander reden zu können, Erfahrungen auszutauschen, Geschichten zu erzählen, Dinge und Regeln auszuhandeln, Rituale zu pflegen und – wenn es sein musste – auch Streit zu klären. Sie erlebten im Kreis mehr Wechselseitigkeit unter den Kindern der Klasse als in anderen Interaktionssituationen im Klassenraum. Lars betonte zudem, dass der Tagesbeginn mit dem Morgenkreis für ihn ein Unterrichtsbeginn „mit etwas Freiem" war.

Die Platzwahl im Kreis erfolgte bewusst, in Abhängigkeit von den Sitzplätzen der Freunde, vom Geschlecht der Mitschüler und vom Platz der Lehrerin. Nach Ansicht der Kinder sollte die Lehrerin einerseits selbst etwas von sich einbringen (Einforderung von Symmetrie), andererseits sollte sie zuhören, sich raushalten, zurückhaltend ordnen und Assistentin der Kinder sein. Auch die Konfliktregelung im Morgenkreis wird – aus der Distanz heraus und im Vergleich mit der neuen Schule – gewürdigt.

Die Interviews dienten dem Vergleich und der Verknüpfung unterschiedlicher Perspektiven. Im Sinne einer methodischen Triangulation am Fall (vgl. Flick 2011, 58) wurden nicht nur die Kreisgespräche in der Klasse fünf Tage lang beobachtet, sondern auch die Lehrerin befragt und ausgewählte Kinder interviewt. Die Interaktionsanalysen wurden also durch die Sichtweisen ausgewählter Akteure (der Lehrerin und ausgewählter Kinder) ergänzt.

Im Folgenden möchte ich die herausgearbeiteten Strukturmerkmale des untersuchten Morgenkreises in einer verdichteten Form darstellen.

6 Strukturmerkmale im Morgenkreis

Im Morgenkreis findet klassenöffentlicher Unterricht im Plenum statt, bei dem von Schülerinnen und Schülern initiierte Interaktionen eine größere Rolle spielen als im üblichen Frontalunterricht, für den das „Frage-Antwort-Rückmeldemuster" bzw. die Sequenz „Initiation-Reply-Evaluation" üblich ist (Mehan 1979; Wenzl 2014). Im untersuchten Morgenkreis konnten stärker an Symmetrie und Mitbestimmung orientierte Gespräche als im frontalen Plenum beobachtet werden. Zunächst sollen deshalb die Strukturen der Interaktion zusammenfassend charakterisiert werden, bevor die Partizipationsstrukturen beschrieben werden, denn der Morgenkreis gilt als Beteiligungsform für Schülerinnen und Schüler in der Grundschule. Zuletzt sollen dann die Formen der Übergangsgestaltung im Morgenkreis herausgearbeitet werden, denn mit der kreisförmigen Versammlung am Beginn des Schultages wird die Gemeinschaftsbildung der Schulklasse pädagogisch intendiert und eine spezifische Gestaltung des Übergangs von der außerschulischen Lebenswelt in die Schule geschaffen.

Strukturen der Interaktion

Während die zentralen Interaktionsmuster im frontalen Plenum differenziert analysiert wurden, haben Kreisgespräche, die in der Grundschule heute sehr verbreitet sind und mit der Absicht verbunden werden, soziale Kompetenzen von Kindern zu fördern, eher wenig Aufmerksamkeit erfahren. Manchmal verweisen Lehrkräfte darauf, dass der Morgenkreis die Zeit für den „eigentlichen" Unterricht reduziere; Kinder hingegen wünschen sich häufig, dass der Morgenkreis möglichst lange dauern möge, um den „richtigen" Unterricht hinauszuzögern.

Dessen ungeachtet findet im Morgenkreis Unterricht statt, handelt es sich doch um didaktisch geplante Sequenzen des Lehrens und Lernens in der Institution Schule und um institutionelle, schulische Interaktion zum Zwecke der Vermittlung. Noch stärker als im frontalen Klassenunterricht werden die Interaktionen auf der Kreisbühne durch die Maßgaben der Klassenöffentlichkeit bestimmt, denn alle Mitglieder einer Schulklasse können sich (an-)sehen und adressieren.

Im vorgestellten Fall des Morgenkreises finden sich durchaus Interaktionssequenzen, die dem Frontalunterricht entsprechen und als „Lehrerfrage – Schülerantwort – Lehrerrückmeldung" verlaufen. Ein weiteres wesentliches Interaktionsmuster besteht allerdings in der Abfolge „Schülerbeitrag – Schülerfrage – Schülerantwort". Der Schülerbeitrag findet als Erzählung, Bericht oder Kurzvortrag statt, wozu weitere Schülerinnen oder Schüler dann Fragen stellen, die von dem den Beitrag initiierenden Kind beantwortet werden. Auffällig ist, dass alle schülerinitiierten Interaktionssequenzen stark formalisiert und teilweise auch ritualisiert ablaufen. Ein längerer wechselseitiger inhaltlicher Austausch der Schülerinnen und Schüler ist nicht zu beobachten.

Eine Möglichkeit für Schülerinnen und Schüler, Beiträge zu initiieren, ergibt sich immer dann, wenn sie das Präsidentenamt innehaben und deshalb kleinere Phasen des Kreisgespräches moderieren dürfen. Mit dem Präsidentenamt oder dem Einbringen eines besonderen Beitrags (z. B. eines Kurzvortrags) ist auch die Wortvergabe verbunden. Mit der Wortvergabe, die als Privileg gilt, erfolgt eine Besonderung beider Seiten, der gebenden und der nehmenden. Wer sprechen darf, dem kommt im Morgenkreis eine herausgehobene Stellung zu; über das Wort zu verfügen und das Wort zu haben, ermöglicht das kurzzeitige Herausragen im Rahmen der Schulklasse.

Die Schülerfragen, die nach einem Schülerbeitrag gestellt werden, stehen unter Beobachtung der Klassenöffentlichkeit und werden teilweise von den Kindern auch kommentiert und bewertet. Fragenstellen scheint bedeutsamer zu sein als Antworten zu erhalten oder Wissenslücken zu schließen. Nicht selten werden Fragen bereits im Stillen lanciert, bevor sie auf die Kreisbühne gelangen. Für das Stellen einer Frage ausgewählt zu werden bzw. eine gute Frage zu formulieren, dient der Imagepflege auf der Kreisbühne, und die Kindergruppe ist bemüht, Kriterien für – aus ihrer Sicht – „gute Fragen" oder „passende Beiträge" im Rahmen der täglich sich wiederholenden Kreissituationen zur Geltung zu verhelfen.

Während im üblichen frontalen Klassenunterricht die Schülerfrage angekündigt werden muss („Ich habe eine Frage.", vgl. Wenzl 2014, 81ff.), besitzen die Schülerfragen im Morgenkreis ihren festen Platz. Die Schülerantwort scheint weniger wichtig zu sein als das Stellen und Formulieren einer passenden Frage. Antworten zielen zudem nicht vordringlich auf Korrektheit im Sinne der Erfüllung eines normbezogenen curricularen Sachverhaltes, wie dies für Lehrerantworten im Frage-Antwort-Rückmeldemuster charakteristisch ist. Unabhängig davon besteht das Risiko für den Fragenden darin, dass Schülerantworten zum Ausdruck bringen, dass die formulierte Frage für den Statuserhalt, einen Statusgewinn oder allgemein für die Imagepflege des/der Fragenden nicht unbedingt dienlich war. Und auch Schülerantworten können von den Mitschülerinnen oder Mitschülern als abweichend von den Gruppennormen verstanden und durch Zwischenrufe entsprechend kommentiert werden.

Nicht selten ist der Zeitdruck in den Kreisgesprächen hoch und die Beteiligten verfallen immer wieder in einen verkürzten und eiligen Sprachstil. Die Ressource „Zeit" im Kreis erweist sich als knapp und auch „das Wort" erscheint als begehrte Mangelware. Die Wortvergabe wird im untersuchten Kreisgespräch teilweise von Kindern vorgenommen, manchmal auch formal „reihum" vollzogen. Bei der Wortvergabe durch ein Kind ist die Zahl möglicher Aufrufe begrenzt und es müssen von Mädchen auch Jungen und von Jungen auch Mädchen aufgerufen werden. Es gibt feste Regeln für die Wortvergabe im Morgenkreis, auf deren Einhaltung die Schülerinnen und Schüler streng achten. Im Morgenkreis wie auch in der Gruppenarbeit ist die Wortvergabe mit einer Art ‚Ranking' und für die möglichen ‚Kandidaten' mit (Be-) Wertungen verbunden, wobei die peerkulturelle Ordnung nicht einfach reproduziert wird, sondern die Kinder Zugehörigkeiten und Positionen beziehungsabhängig aktiv mitbestimmen. Dabei gehen die Kinder aktiv mit der Verschiedenheit der Klasse um und stellen hierbei durch Akte der Sortierung (z. B. bei der Wortvergabe oder bei der Auswahl von Fragen) auch Differenz her (vgl. für die Gruppenarbeit Eckermann & Heinzel 2013). Die Beziehungen der Kinder beeinflussen auch die Auswahl und die Art der Thematisierung der Inhalte im Morgenkreis. Die Gespräche dienen der Stabilisierung ihrer sozialen Beziehungen, der Inszenierung von Freundschaften, der Strukturierung der Schulklasse; sie stehen im Zeichen der Geschlechtseparierung, eröffnen aber auch Interaktionen über die Geschlechtsgrenze hinweg.

Erzählungen der Kinder werden in Kreissituationen dialogisch konzipiert und szenisch verdeutlicht. Ihre Geschichten ergeben sich nicht selten erst während gezielter Nachfragen; sie entstehen dann als interaktive Produktionen im Rahmen schneller Blick- und Wortwechsel, auch wenn sie als Beiträge eines Einzelnen erscheinen. Handlungen und Themen entwickeln sich, in gleichzeitiger Abstimmung sowohl mit den Gleichaltrigen als auch mit der Lehrerin, daher sind Geschichten im Kreis zumeist als Ergebnis generativ und intergenerativ geschichteter Erfahrung zu begreifen. Die Beziehungen untereinander haben Einfluss auf den Inhalt der individuellen Erzählungen, was bei der Analyse der Wochenendgeschichten oder der Erzählungen zum Thema „Zukunftswunsch" herausgearbeitet werden konnte. In der Kreissituation und den dort erzählten Geschichten aktualisieren sich diese Beziehungen und – darin eingebettet – Wissensbestände der Handelnden.

Die einzelnen Erzählungen belegen auch die Lust der Kinder an Unsinn, an Missgeschicken und Pointen, an Wortspielen, am Spiel mit Zeit- oder Altersangaben. Dieser Spaß kann im Rahmen des Morgenkreises ausgelebt werden und gleichzeitig können schulische Anforderungen erfüllt werden. Daneben setzten sich die Kinder auch mit grundlegenden Gruppenthemen und Spannungsfeldern auseinander wie „Gut und Böse", „Differenz und

Gleichheit", „Solidarität und Konkurrenz", „Gemeinschaft und Spaltung", „Außen und Innen", „Anpassung und Widerstand", „Männlichkeit und Weiblichkeit", „Öffentlichkeit und Privatheit" oder „Sprechen und Schweigen".

Primär lassen sich in der analysierten Kreissituation die drei typischen Themen der Kinderkultur ausmachen: Beziehungen, Kompetenz und Status (vgl. Pollard 1985). Die Interaktionen im Kreis dienen der Regulierung des sozialen Systems der Schulklasse, wobei insbesondere das Geschlecht dramatisiert wird. Das Geschlecht wird für die Kinder zum Ordnungsmoment, dient zur Konstituierung von Reihenfolgen und zur Selbstverortung im Kreis. Diese geschlechtsbezogene Ordnung der Beziehungen wird von allen Kindern akzeptiert. Über das Geschlecht lässt sich sowohl Zugehörigkeit und Nichtzugehörigkeit bestimmen als auch Status zuweisen. Die Geschlechterverhältnisse bilden ein bedeutsames Thema der Aushandlungen im Kreis, denn die bipolare Geschlechterdifferenz ermöglicht auf unproblematische Weise aktive soziale Ordnung durch Zuteilung. Die Geschlechterunterscheidung wird im Kreis auch nonverbal, z. B. durch die Platzwahl, praktiziert. Potentiell kann in der beobachteten Klasse fast jeder Konflikt und jede Aushandlung mit dem Argument „Geschlecht" aufgeladen werden, wie z. B. die Diskussion um Daniels Mitgliedschaft in der Klasse dokumentierte.

Für die Lehrerin stellt es eine große Herausforderung dar, ihre Gesprächsanteile zu reduzieren und Leitungsaufgaben abzugeben. Sie bewältigt dies, indem sie für sich eine andere Rolle schafft: Sie wird von der Lehrerin zur Protokollantin. Damit versucht sie, weniger stark als Moderatorin der Gespräche aufzutreten, und sie vermeidet es so auch, die Gesprächsbeiträge der Kinder zu bewerten. Dennoch initiiert, steuert und kontrolliert sie die Situation durch ihre Nachfragen. Das Interaktionsmuster besteht dann in der Abfolge „Schülerbeitrag – Lehrernachfrage – Schülerantwort". Schaltet sich die Lehrerin stärker ein, dann bemüht sie sich um eine moderierende Haltung. Insgesamt öffnet sie den Kreis für Themen der Kinder, strebt aber gleichzeitig eine Kontrolle auftretender Emotionen an, indem sie eine formalisierte Schließung sozialer Prozesse betreibt.

Die Kommunikation der Gleichaltrigen ist im Morgenkreis mit der Lehrer-Schüler-Interaktion auf der klassenöffentlichen Bühne vernetzt, was für die Kinder zu spezifischen Handlungsanforderungen zwischen Peerkultur und Schulkultur führt. Ihre Gesprächsbeiträge platzieren und adressieren die Kinder in einer Pendelbewegung zwischen den Regieanweisungen der Lehrerin und den Inszenierungsvorschlägen der Gleichaltrigen, zwischen den von der Lehrerin für wichtig erachteten Themen und den kinderkulturellen Themen, zwischen schulischen Anforderungen und den Normen der Kinderkultur. Es gelingt den Kindern sowohl auf der Ebene der schulischen Ordnung als auch peerkulturell, mehr oder weniger kompetent zu agieren.

Die Lehrerin wird im Morgenkreis in spezifischer Weise zum Teil des Systems Schulklasse. Durch die egalitäre Anordnung der Personen im Kreis und vor dem Hintergrund einer spielerischen Ermächtigung der Kinder muss sie ihre Rolle neu bestimmen. Aus der Perspektive der Kinder wird sie zur herausgehobenen „Mitspielerin" im Kreis. Sie wird in die Beziehungswelt im Kreis eingebunden, ermöglicht aber auch Handlungsorientierung. Aus der Perspektive der Kinder hat sie als Erwachsene für die Aufrechterhaltung des Rahmens der Kreissituation zu sorgen. Die Vorstellungen des Zusammenlebens und -lernens im Kreis werden von den Kindern – mit Blick auf die Lehrerin – immer wieder neu ausgehandelt, wobei das Festhalten an bestimmten Ordnungsmechanismen (Regeln und Rituale im Morgenkreis) von den Kindern als Entlastung empfunden wird. Die Interviews mit den Kindern zeigen, dass von der Lehrerin Schutz erwartet wird: eine „gute Lehrerin" bewahrt vor Eskalation, unterstützt bei der Vermittlung unter den Schülerinnen und Schülern und sorgt dafür, dass die Kinder der Klasse im Gespräch bleiben.

Insgesamt ermöglicht der Blick auf die Interaktionen die Wahrnehmung der konkreten Handlungspraxis der schulischen Akteure; so wird deutlich, dass die Kinder in der Erarbeitung spezifischer Praktiken (z. B. Fragen lancieren) mit der Aneignung der Möglichkeiten des Morgenkreises soziale Praxis hervorbringen (können).

Strukturen der Partizipation

Der Morgenkreis gilt als offene Form der schulischen Partizipation und wird als solche mit dem Ziel verbunden, demokratisches Verhalten und Handeln zu fördern und die Beteiligung von Schülerinnen und Schülern bei schulischen Ereignissen und Entscheidungsprozessen zu gewährleisten. Die Praxis der Lehrerin in der untersuchten Klasse lässt Schülerpartizipation durchaus zu und zielt darauf ab, an demokratischen Formen orientierte Aushandlungen zu erproben.

Bekannte Einstiege in den Schultag am Morgen in der frontalen Anordnung der Schulklasse umfassen z. B. die Abfolge: Aufforderung zum Aufstehen durch Lehrerin oder Lehrer, Begrüßung der Schülerinnen und Schüler durch die Lehrperson, Begrüßung der Lehrkraft im Chor, evtl. gemeinsames Singen eines Liedes oder auch gemeinsames Beten, Aufforderung zum Setzen durch Lehrerin oder Lehrer. In der DDR war es üblich, dass jeden Morgen ein Schüler oder eine Schülerin der Lehrkraft meldete, dass die Klasse zum Unterricht bereit sei. Gegebenenfalls wurden die fehlenden Schülerinnen und Schüler benannt. Anschließend folgte der morgendliche Gruß, der von der Lehrerkraft oder einem Schüler bzw. einer Schülerin gesprochen wurde.[28] Es folgt die Aufforderung der Lehrerin: „Setzen."

---

28 Dieser Gruß lautete: „Für Frieden und Sozialismus – Seid bereit!" Die gesamte Klasse hatte zu antworten: „Immer bereit!" Dabei wurde die rechte Hand vertikal über den Kopf gehalten.

Der Morgenkreis hingegen bietet deutlich mehr Beteiligungs- und Mitgestaltungsmöglichkeiten als derartige Formen des Einstiegs in die Schule. Er eröffnet – wie im vorgestellten Fall gezeigt werden konnte – Spielräume für Peeraktivitäten, soll soziales Lernen fördern und kann zur Gemeinschaftsbildung beitragen.

Die Kinder können im Morgenkreis von ihren außerschulischen und schulischen Erlebnissen erzählen. Ihnen wird ermöglicht, eigene Interessen einzubringen und über klassen- und schulbezogene Entscheidungen mitzubestimmen. Zudem werden im Morgenkreis Konflikte thematisiert, die in der Klasse oder Schule entstehen. Den Kindern wird also ein – wenn auch beschränkter – Raum zur Verfügung gestellt, um sich an schulischen Entscheidungsprozessen zu beteiligen und sie erproben Bestandteile und Formen demokratischer Auseinandersetzung (z. B. Präsidentenamt, Protokoll, Aushandlung unterschiedlicher Interessen und Konfliktregelung).

Die beobachteten Schülerinnen und Schüler orientieren sich an den für den Kreis vereinbarten Regeln (z. B. zur Wortvergabe oder zum Präsidentenamt) und beharren auf deren Einhaltung. Wenn ein Kind oder auch die Lehrerin sich nicht an die vereinbarten Regeln hält, wird dies von den Kindern kritisiert und auch der Lehrerin gegenüber das Gleichheitsprinzip eingefordert. Das von ihr verfasste und verlesene Protokoll wird von den Kindern für wichtig erachtet und sie empfinden es als eine Wertschätzung ihrer Beiträge.

Die kommunikativen Aushandlungen im beobachteten Kreis entsprechen durchaus den in liberalen Familien verbreiteten eher wechselseitigen Gesprächen und offenen Diskussionsprozessen zwischen Eltern und Kindern. Der Verhandlungshaushalt (vgl. Büchner 1983, Büchner u. a. 1998, 95) findet mit dem Morgenkreis eine Form für die Verhandlungsschule.

Insgesamt nehmen die Kinder die Beteiligungsmöglichkeiten gerne an und nutzen die Spielräume der Partizipation durchaus kreativ. Ihre Freude an narrativen Spielräumen und ihre Lust am Unsinn kann auf einer latenten Ebene als Lebensfreude, verbunden mit einer Demonstration gegen den Arbeits- und Realitätszwang der Institution Schule verstanden werden.

Allerdings ist für die Partizipationsarrangements ein Übungscharakter kennzeichnend. Auf der Kreisbühne soll Partizipation probehandelnd gelernt und in der Schule ermöglicht werden. Die Einübung in rationale Konfliktbewältigung, in Partizipation und herrschende Normen erfolgt, indem so getan wird, als sei der Rahmen der Institution außer Kraft gesetzt und als ob die Kinder über bestimmte Handlungsoptionen verfügen könnten. Es wird simuliert, was wäre, wenn die Kinder erwachsen wären und mitbestimmen dürften. Diese Als-ob-Struktur scheint durch die fiktive Bedeutungsinterpretation und -zuschreibung eine Emergenz von gelingenden Handlungsverläufen mit angemessenen Problemlösungs- und Konfliktbewältigungsstrategien eröffnen zu können, besonders dann, wenn soziale Strategien, Wissenssysteme und Deutungsmuster in und über Schule und Peergroup vermittelt werden.

Einerseits wird so Teilnahme tatsächlich ermöglicht und gleichzeitig werden Risiken der Partizipation für die Kinder vermindert. Andererseits erweist sich die Kreissituation jedoch als eine auch durch die Lehrer-Schüler-Hierarchie und durch institutionelle und generationale Dominanzstrukturen gekennzeichnete Lebenspraxis. Sie läuft auch Gefahr, sich in eine Verführungssituation zu wandeln, in welcher die Grenzen zwischen Kindern und Lehrpersonen, zwischen Öffentlichkeit und Privatheit, zwischen Schule und außerschulischer Kinderwelt durchlässig, aber verwischt und die Balance zwischen persönlicher und sozialer Identität zwar geübt, aber auch diffus und damit zum Problem werden kann. Insofern besteht für den Morgenkreis die Gefahr, dass Partizipation zu einem „didaktischen Trick" wird, „der dazu beitragen kann, das Wohlbefinden in der Schule zu erhöhen und die Stabilität von Schule zu sichern" (vgl. Böhme & Kramer 2001, 178). Die Spannung von Autonomie und Heteronomie, also die Ermöglichung von Autonomie durch die Lehrperson, aber in einem institutionellen Rahmen, der Zwänge, abstrakte Regeln und Heteronomie setzt, nennt Helsper (2004, 82ff.) die Autonomieantinomie, eine der für das pädagogisch-professionelle Handeln konstitutiven Antinomien des Lehrerhandelns. So war es für die Beobachterin dann auch sehr überraschend, als das einübende Spiel in Partizipation (im Fall von Daniel) tatsächlich Relevanz erhielt. Am Fall von Daniel konnte gezeigt werden, dass es bei Einräumung von faktischen Partizipationsmöglichkeiten zu einer partiellen Aufhebung der Asymmetrie zwischen Lehrerin und Schulkindern kommen kann; allerdings traten hier dann auch die Risiken der Partizipation deutlich hervor, denn es stellt sich die Frage nach dem notwendigen Maß der Verantwortungsübernahme der Lehrerin.

Ein spezifisches Merkmal der Partizipation im Morgenkreis ist die Klassenöffentlichkeit der Beteiligungsaktivitäten. Die Risiken der klassenöffentlichen Beteiligungssituation zeigen sich insbesondere bei der Konfliktklärung. Wenn die Kinder nach bestimmten Regeln Konflikte klären und besprechen sollen, geschieht dies in der Klassenöffentlichkeit vor den Augen der Mitschülerinnen und Mitschüler sowie der Lehrerin. Mit dieser Situation ist dann immer die Gefahr des Imageverlustes für die Schülerinnen und Schüler verbunden.

Aber auch jede andere Beteiligung auf der Kreisbühne beinhaltet das Risiko des Imageverlustes. Entsprechend gab es Kinder, die über einen hohen Status in der Klasse verfügten und entsprechend sicher auftraten, wenn sie das Wort ergriffen und im Mittelpunkt des Kreisgeschehens standen; andere wiederum hielten sich zurück und schienen diese herausgehobene Position und risikoreiche Situation eher zu meiden. Zwei Kinder, David und Magda, waren deshalb ausgeschlossen, weil sie die deutsche Sprache noch nicht sprechen konnten. Bei der Beobachtung und Analyse zeigte sich allerdings, dass auch diese Kinder das Kreisgeschehen aufmerksam verfolgten. So bekam Daniel Nasenbluten bei der Verhandlung über seine Aufnahme in die Klasse, obwohl er wahrscheinlich nicht verstehen konnte, was gesprochen wurde, und ein weiteres Beispiel bietet Magdas Freude bei der Inszenierung ihres Geburtstages im Morgenkreis. Hier wurde deutlich, dass Empfindungs- und auch Handlungsfähigkeit nicht auf bestimmte sprachliche Kompetenzen von Kindern begrenzt werden kann.

Ein weiterer struktureller Aspekt der Beteiligung im Morgenkreis soll mit dem Gegensatz zwischen individueller Besonderung und der im Kreis transportierten Idee der Gemeinschaft herausgestellt werden: Einerseits bleiben die Schülerinnen und Schüler in das Regelwerk der Gemeinschaft eingebunden und andererseits steht jedes Kind, das im Kreis das Wort erhält und über dieses kostbare und in der Schulklasse notwendigerweise limitierte Gut verfügen darf, im Zentrum des Kreises und der Kreisöffentlichkeit. Die dokumentierten Szenen belegen: In der alltäglichen Deutungsarbeit aller an der Kreissituation Beteiligten müssen Aushandlungen zwischen Gemeinschaftsbildung und Selbstfindung oder Identität und Sozialität immer aufs Neue bewerkstelligt werden.

Strukturen des Zwischenraums

Mit dem Morgenkreis wird zu Beginn des Schultages eine Übergangssituation (Passage) gestaltet, die zwischen außerschulischer Lebenswelt und Grundschule zu vermitteln vermag und dazu beitragen kann, Passungsprobleme zu bearbeiten (vgl. Heinzel 2005). Diese Übergangsgestaltung ist grundschulspezifisch. In der Sekundarstufe ist ein solcher Beginn des Schultages nicht verbreitet und auch nicht möglich, denn dort befindet sich die Klassenlehrerin als Fachlehrerin nicht jeden Morgen in ihrer Klasse.

Insgesamt gilt für den beobachteten Morgenkreis, dass er eine Öffnung der Schule zum kinderkulturellen Alltag anbietet. Die Beliebtheit des Morgenkreises bei vielen Kindern der beobachteten Klasse lässt sich wohl darauf zurückführen, dass er nicht schon die disziplinierende Struktur des Unterrichts vorwegnimmt und Gemeinschaft und Zugehörigkeit vermittelt.

Ist der Morgenkreis schülerzentriert konzipiert und erlaubt, dass kinderkulturelle Erfahrungen im Vordergrund stehen, ermöglicht er Schülerinnen, Schülern und Lehrpersonen, im Grenzbereich zwischen Grundschule und außerschulischem Kinderalltag zu agieren, und schafft einen rituell geformten Umgang mit diesem Übergang. Die Schulklasse aus Kindern und Lehrerin strukturiert sich jeden Morgen im Kreis und konstruiert eine gemeinsame Wirklichkeit im Wechselspiel der Beziehungen der Kinder unter Beobachtung der Klassenlehrerin. Dabei werden die Grenzen von Schule und außerschulischem Kinderalltag auch gelockert. So entsteht eine Übergangswirklichkeit, in der individuelle, gemeinschaftliche und institutionelle Perspektiven immer wieder neu auszuhandeln sind.

Gemeinschaften können als „dramatische Handlungsfelder" (Wulf 2001, 10) verstanden werden, die ein Interaktionssystem darstellen, das seine Einheit aus – durchaus auch divergierenden – Interaktionen gewinnt. Wenn Gruppen zusammenfinden, die faktisch gemeinsame Erfahrungen machen, entstehen Verflechtungen zwischen Menschen, die auf konjunktiven und kollektiv geteilten Erfahrungen beruhen. Rituale als symbolische Inszenierungen erhalten hierbei oft konstituierenden Charakter. Damit wird eine performative Betrachtungsweise des Morgenkreises nahegelegt, die sich auf Inszenierungs- und Aufführungspraktiken sozialen bzw. pädagogischen Handelns bezieht.

Im Rahmen der Fallanalyse konnte herausgearbeitet werden, dass der Morgenkreis als ritualisiertes, generativ und intergenerativ verflochtenes „dramatischen Handlungsfeld" und auch als „Übergangsraum" im Sinne Winnicotts (1969) begriffen werden kann. Die beobachteten Kinder bringen ihre Wünsche, Phantasien und Lebenserfahrungen im Kreis nicht allein sprachlich narrativ ins Spiel, sondern auch leibhaftig und sinnlich-symbolisch (vgl. Lorenzer 1973). Besonders in den kollektiven Geschichten finden die Kinder trotz Konkurrenz und konflikthafter Aushandlung ihrer sozialen Ordnung auf einer kollektiven Phantasieebene zusammen.

Der Kreis kann als präsentatives Symbol verstanden werden; als Morgenkreis wird er zur Bühne, zur symbolisch aufgeladenen Versammlungsform und zum dramatischen Handlungsfeld. Ein „intermediärer Raum" formt sich, in dem mittels Sprache und sinnlich-symbolischer Interaktion eine Verbindung zwischen Kind und Welt ermöglicht wird.

Der beobachtete Morgenkreis schafft im Rahmen des Unterrichts Raum für peerkulturelle Praxis. Hier kann, in begrenztem Rahmen, ein kinderkulturelles „Curriculum" bearbeitet werden, das teilweise in Kontrast zur Schulkultur und zu den schulischen Lehrplänen steht. Hier wird Unterricht zu einem interaktionistischen Geschehen, in dem im kommunikativen Prozess unterrichtliche Themen als alltagsweltliche, lebensweltliche und biografisch bedeutsame Themen der Kinder konstituiert und differente Deutungen produziert werden können und in einen Austauschprozess geraten. Durch den Morgenkreis erhalten auch die Peer-Aktivitäten Präsenz im Zentrum des Unterrichtsgeschehens. Auch schuloppositionelle Inszenierungen werden in die Klassenkultur hineingenommen, was auch zur Herstellung einer klasseneigenen Weltsicht beiträgt. Auch wenn Aspekte und Gegenstände der Kinderkultur im Morgenkreis in Konflikt zu Schul(-kultur)-Normen geraten können, wird es dennoch möglich, das Spannungsverhältnis zwischen Kindsein und Schülerin- bzw. Schülersein zu reduzieren.

Als Zwischenraum zwischen Kindheit und Schule eröffnet der Morgenkreis einen spezifischen Blick auf die Dynamik von intergenerationalen und intragenerationalen Vermittlungsprozessen und deren klassenöffentliche Inszenierung. Vermittlung wird in der Schule zur Handlungsaufgabe und deshalb sowohl als Methode aufgefasst wie auch als soziale Situation inszeniert (vgl. Kade 1997). Zu unterscheiden sind drei Formen der Vermittlung in der Grundschule: *Vermittlung von* Inhalten und Kompetenzen, *Vermittlung zwischen* den Akteuren in intergenerationalen und intragenerationalen Beziehungen und *Vermittlung der Vermittlung,* die sich auf die Aufführungspraktiken bezieht (vgl. Heinzel 2011).

Insbesondere im Blick auf die klassenöffentlichen Aufführungstechniken werden die Kinder als Akteure sichtbar, die eine Vertrautheit mit den feldspezifischen Logiken und Handlungsanforderungen im Morgenkreis besitzen und sich an der Hervorbringung der gesellschaftlichen Wirklichkeit im Kreis aktiv beteiligen. Die schulische Performanz der Kinder zeigt, dass sie die ihnen qua Adressierungspraktiken zugewiesenen Subjektformen und -positionen immer wieder zur Aufführung bringen und sich damit selbst zu (Mit-) Schülerinnen und (Mit-)schülern, zu Freundinnen und Freunden, zu Mädchen und Jungen machen (vgl. Eckermann & Heinzel 2015). Die Kinder selbst überwinden die schulische Antinomie von Orientierung am Kind und Orientierung an der Gesellschaft.

Der Schwerpunkt der Beobachtung des Morgenkreises lag auf der Frage der interaktiven „Vermittlung zwischen" und der performativen Perspektive der „Vermittlung von Vermittlung". Dabei sollte deutlich geworden sein, dass die schulische Performanz der Kinder bzw. der Schülerinnen und Schüler Grundschule nicht nur rahmt, sondern erst ermöglicht. Auch die „Vermittlung von" wurde thematisiert, jedoch im Sinne eines kinderkulturellen Curriculums und nicht in Bezug auf eine durch Lehrpläne vorgegebene Sachdimension.

Anders als die übrigen Sozialformen (Gruppenarbeit, Partnerarbeit, Einzelarbeit oder frontales Plenum) stellt der Morgenkreis eine Art „Kinderforum" im Rahmen der Schule zur Verfügung und zwar in dem Sinne, dass (Schul-)Kinder als gesellschaftliche Gruppe erkennbar werden und einander als solche selbst erkennen können. Der widersprüchliche Anspruch der Grundschule, dem Kind und der Gesellschaft verpflichtet zu sein, hat damit in Kreisgesprächen einen Aushandlungsort gefunden, an dem beide Funktionen zusammenfließen, weil sich Kinder hier als gesellschaftliche Gruppe auch selbst formieren können. Gespräche mit Gleichaltrigen über bestimmte Themen scheint es denn auch nur im Kreis zu geben, denn dort ist man zum intragenerativen kommunikativen Austausch „gezwungen". Aus dem Interview mit Lars: „… wenn wir uns sonst treffen, ist das halt nicht so, da machen wir lieber etwas anderes."

Die beiden interviewten Kinder und auch weitere, die bei einem zwei Jahre später stattfindenden Klassentreffen befragt wurden, bedauerten, dass in der Sekundarstufe 1 an ihren neuen Schulen keine Zeit mehr für Kreisgespräche vorhanden sei. Sie empfanden dies als Verlust an Freiheit und an Möglichkeiten, miteinander ins Gespräch zu kommen bzw. im Gespräch zu bleiben. Die Kreissituation ließ Thematisierungen des Selbst in der Gruppe zu, man konnte im Mittelpunkt der Gemeinschaft stehen und sich zugehörig fühlen; im Kreis wurden Anregungen und Vergleichsmöglichkeiten geboten, Beziehungen gepflegt und Konflikte geregelt. Auch zwei Jahre später wussten viele Kinder noch sehr genau, wer im Kreis welche Plätze wählte, und sie konnten detailliert über die Sozialbeziehungen in der Klasse sprechen.

Der Morgenkreis trägt, neben all den genannten Aspekten, sicher auch dazu bei, die Erwartungen und den Anpassungsdruck der Schule zu erfüllen und zur Verinnerlichung der äußeren Zwänge beizutragen. Er kann deshalb vielleicht als ein Instrument zur Prämierung der Anpassungs- und Unterwerfungsfähigkeit des Subjekts gewertet werden, möglicherweise aber auch als entgrenzende Anpassungsleistung der Schule an das Schülersubjekt.

7   Schlussbemerkung

Welche Hinweise lassen sich nun für die Handhabung des Morgenkreises in der Grundschule geben? Und worin besteht die schulpädagogische Bedeutung der Beobachtungen?

Die Fallanalyse zeigte, dass der Morgenkreis nicht nur im Anfangsunterricht täglich durchgeführt werden kann, sondern auch bis zum Ende der Grundschulzeit, wobei der Ablauf dann variiert werden sollte. Die schulische Funktion des Morgenkreises, die als übergangsorientiert charakterisiert wurde, lässt Akzentuierungen im offiziellen Unterrichtsgeschehen zu, die Kinderkultur und Gleichaltrigenbeziehungen stärken können.

Auch wenn der Schwerpunkt der Fallanalyse auf dem Schülerhandeln lag, so wird die Kreissituation dennoch zuerst von der Klassenlehrerin oder dem Klassenlehrer in jeder Grundschulklasse bestimmt, denn die Lehrperson entscheidet über die Organisationsformen des Morgenkreises, über die Gestaltung der Interaktion und die Beteiligungsmöglichkeiten der Schülerinnen und Schüler im Morgenkreis. Geben Lehrerinnen oder Lehrer einer schülerzentrierten Gestaltung des Morgenkreises den Vorrang, dann erfordert dies in erster Linie eine offene Haltung gegenüber den Äußerungen der Kinder. Wenn Schülerinnen und Schüler in der Grundschule aufgefordert werden, sich mit ihren Erfahrungen in der Klassenöffentlichkeit des Morgenkreises zu zeigen, dann erscheint es unabdingbar, dass durch das Lehrerhandeln eine Atmosphäre der Achtung und Anerkennung geschaffen wird. Hierzu gehört für die Handhabung des Morgenkreises, auf die Bewertung von Kinderbeiträgen weitgehend zu verzichten; die Entwertung von Kinderbeiträgen durch die Lehrkräfte und die Erzeugung eines aversiven oder konkurrenzorientierten Klimas sind – hier wie überall – unprofessionell und nicht akzeptabel.

Auch die zum Morgenkreis befragten Kinder forderten eine wertschätzende, auf durchschaubare und veränderbare Regeln gegründete und unterstützende Moderation durch die Lehrkraft (Heinzel 2001). Eine solche Haltung und die Fähigkeit zur kindzentrierten und schülerorientierten Gesprächspraxis muss bereits in der universitären Lehrerbildung angebahnt werden.

Nicht im beschriebenen Fall, aber in anderen Morgenkreisen können bis heute Szenen beobachtet werden, in denen Kinder und ihre im Morgenkreis berichteten Erfahrungen durch Lehrerinnen oder Lehrer entwertet und diese Kinder in der Klassenöffentlichkeit gekränkt werden. Ohne Tische sind die Kinder eines wesentlichen Schutzes und der Möglichkeit, sich zu verstecken, beraubt.

Prengel betont die Bedeutung von Lehrkräften als Beziehungspersonen für Kinder. Sie vertritt die Auffassung, dass immer, wenn Kinder und Jugendliche durch pädagogische Interaktionen verletzt werden, zu prüfen sei, ob Menschenrechtsverletzungen vorliegen (Prengel 2013, 13).

In vielen Grundschulklassen wird der Morgenkreis nur am Montag durchgeführt und deshalb häufig auch Montagskreis oder Montagmorgenkreis genannt. Meist stehen hier die Wochenenderlebnisse im Mittelpunkt, die dann reihum erzählt werden müssen. Diese Praxis wird von manchen Eltern und Lehrkräften kritisiert. In der vorgelegten Fallstudie konnte gezeigt werden, dass und wie die Kinder ihre Positionen im Morgenkreis zur Darstellung bringen. Sie gehen durchaus aktiv mit der Verschiedenheit der Klasse um und stellen durch Sortierungsakte Differenz auch selbst her. Dabei kann es auch zu Versuchen eines „gegenseitigen Überbietens" bei der öffentlichen Darstellung der Wochenenderlebnisse kommen. Bei dem Bericht über Wochenenderlebnisse kann die Lehrerin durch eigenes Vorbild oder geschickte Schwerpunktsetzung dazu beitragen, dass eine Erzählung beispielsweise zu einem gefundenen Stein ebenso interessant sein kann wie ein Bericht über den Besuch eines Vergnügungsparks.

Eine Herausforderung im Morgenkreis stellt die Wortvergabe dar. Jede Form der Wortvergabe, die Erteilung des Wortes „reihum" wie auch die Wortvergabe durch Kinder oder durch die Lehrperson führt zu spezifischen Handlungsroutinen, die reflektiert werden müssen. Eine Variation der verschiedenen Formen der Wortvergabe im klassenöffentlichen Morgenkreis erscheint sinnvoll. Dabei sollte eine Balance gefunden werden zwischen der Freiwilligkeit der Wortbeiträge und der Beteiligung möglichst vieler Kinder. Auch wenn die Erprobung der Kommunikationsfähigkeit der Schülerinnen und Schüler im Kreis ein wichtiges Ziel darstellt, dürfen Kinder nicht gezwungen werden, im Morgenkreis zu sprechen bzw. etwas zu erzählen. Bei den Wochenenderzählungen kann die Wortvergabe „reihum" dazu führen, dass Kinder sich genötigt fühlen, Grenzen zur Privatheit überschreiten zu müssen, obgleich sie das nicht wollen.

Wenn es zu viele Kinder sind, die sehr gern und lange erzählen und dies anderen Teilnehmenden der Morgenkreis zu lange dauert und sie sich langweilen, dann sollte mit den Schülerinnen und Schülern gemeinsam eine Redezeitbegrenzung vereinbart werden. Dabei kann die Anzahl der Sprecherinnen und Sprecher festgelegt werden oder auch die Länge der Beiträge.

Abschließend soll noch einmal hervorgehoben werden, dass der *Morgenkreis klassenöffentlich* stattfindet, dass sich alle Teilnehmenden sehen, zeigen und vergleichen können und der Kreis – anders als das frontale Plenum –

zwar mehr Raum für Schüleraktivitäten bietet, andererseits aber auch weniger Möglichkeiten, sich zu verbergen oder zu schützen. Immer besteht ein Risiko darin, dass der eigene Beitrag nicht passend im Sinne des Statuserhalts, des Statusgewinns oder der Imagepflege in der Schulklasse sein kann. Die Klärung von Konflikten zwischen einzelnen Kindern im Morgenkreis ist problematisch, denn bei dieser klassenöffentlichen Konfliktklärung können Situationen entstehen, in denen das Risiko vorgeführt, ausgelacht und beschämt zu werden, besonders hoch ist.

Die kinderkulturellen Aktivitäten, mit denen Lehrerinnen oder Lehrer im Kreis konfrontiert werden, können irritieren und je nach Offenheit und Gesprächskompetenz der Lehrkräfte als interessant oder Störung bei der Realisierung pädagogischer Vorhaben eingeschätzt werden. Im Blick von Erwachsenen erscheinen die Verhandlungen der Kinder nicht selten unbedeutend, die collagehaften Interaktionen manchmal absurd und die bildhafte, assoziative Sprache häufig restringiert. Die kulturellen Praktiken von Kindern werden nicht selten verniedlicht und fast immer als Status des Noch-nicht interpretiert. Die Fallanalyse konnte bekräftigen, dass die Handlungsfähigkeit von Kindern nicht auf bestimmte sprachliche Kompetenzen eingegrenzt werden sollte. Die Vermittlungsprozesse der Kinder im Morgenkreis tragen zum Bildungsprozess bei, indem durch die sozialen Aktivitäten in der Klassenöffentlichkeit ein kulturelles Potential bereitgestellt wird. In diesem Sinne kann der Morgenkreis Lern- und Bildungsprozesse eröffnen, die weder die traditionelle Schule noch die außerschulische Interaktion mit Freundinnen oder Freunden bereitstellen. Die Qualität von Morgenkreisen in der Grundschule wird daran gemessen werden müssen, ob diese angesichts der Pluralisierung und Ausdifferenzierung von Lebensformen, Sinnzusammenhängen und Lebensentwürfen die Lehrkräfte sensibel machen für die Akzeptanz differenter kultureller Perspektiven, in die vor allem auch Generationenperspektiven als zentrales Moment eingeschlossen sein sollten.

Für Bildung und Lernen in der Grundschule bedeuten die vorgestellten Analysen auch, dass Unterricht sehr viel stärker als Interaktionsgeschehen betrachtet werden muss und dabei die *Sozialformen* des Unterrichts besondere Aufmerksamkeit erhalten müssen, denn Sozialformen beeinflussen nicht nur die räumliche Anordnung der Teilnehmenden und die Struktur der Beziehungen und Interaktionen im Unterricht, sondern bringen auch spezifische Formen der Klassenöffentlichkeit hervor, die mit eigenen Sitz- und Körperordnungen einhergehen. Auch in der Lehrerbildung sollten die unterrichtlichen Interaktionen in den unterschiedlichen Sozialformen und im Vergleich der unterschiedlichen Schulstufen stärker zum Gegenstand gemacht werden. Es lohnt sich, dem Morgenkreis mehr Aufmerksamkeit in der Lehrerbildung zu geben, immerhin kommt ihm nicht wenig Zeit in einer Schulwoche zu: wenn er jeden Morgen stattfindet und 20 bis 30 Minuten umfasst, entspricht dies 2–3 Schulstunden wöchentlich. Manche Lehrkräfte versammeln die

Kinder aber nicht nur am Morgen im Kreis, sondern auch zu weiteren Anlässen und Gelegenheiten.

Neben Einzelarbeit, Partnerarbeit, Gruppenarbeit und Frontalunterricht sollte der Kreis als weitere grundschulspezifische Sozialform und eigene Form des Plenums- oder Klassenunterrichts neben dem Frontalunterricht gelten. Die Sozialform des Kreises bietet wie der Frontalunterricht Anlass für Passivität und Langeweile, aber mehr als der Frontalunterricht die Gelegenheit für Aktivität und Geselligkeit, und fordert sehr viel stärker die Bewährung im Spannungsfeld zwischen schulischen und peerkulturellen Herausforderungen. Sehr viel deutlicher als im Frontalunterricht zeigt sich im Kreis die Bedeutung der polyadischen Beziehungen in einer Grundschulklasse für Bildung und Lernen der Schülerinnen und Schüler. In der Fallanalyse wurde deutlich, dass im Morgenkreis eine Form von klassenöffentlichem Unterricht stattfindet, mit dem spezifische Handlungsanforderungen im Spannungsfeld von schulischen und peerkulturellen Herausforderungen verbunden sind.

Der genaue Blick auf den praktischen Vollzug eines Morgenkreises erbrachte die Einsicht, dass es in der komplexen Interaktionssituation des Morgenkreises leicht zur Verselbständigung von Abläufen und Verfahren kommen kann, da solche Routinen Entlastung für alle Beteiligten bieten. Kreisgespräche werden dann für die Lehrpersonen regelhaft „abgeliefert" (Reh 2003, 226). Daher ist es notwendig, die vereinbarten Abläufe und Regeln im Morgenkreis und auch die sich einschleifenden Routinen wie z. B. die Prozeduren des Fragens und Antwortens immer wieder zu überdenken. Ebenso erscheint es geboten, den gewünschten Grad der Anpassung der Kinder an Schule, der von Lehrpersonen mit dem Morgenkreis erreicht werden soll oder von den Kindern selbst geleistet wird, kritisch zu reflektieren. Schutz vor einer sich verselbständigenden, problematischen Praxis des Morgenkreises bieten die Reflexion der jeweiligen Praxis und das Einholen von Feedback nicht nur von erwachsenen Beobachterinnen oder Beobachtern, sondern auch von Kindern.

Hinweise zur Transkription

[…]	mindestens 3 Sekunden Pause
(*kursive Schrift*)	Kommentare, Anmerkungen, Qualifizierungen
fett	betont gesprochen
(…) (…)	Auslassungen im Transkript
übliche Satzzeichen	zur Wiedergabe des Sprechrhythmus der gesprochenen Sprache

Literaturverzeichnis

Alanen, Lena/Mayall, Berry (Hrsg.) (2001): Conceptualizing child-adult relations. London: Routledge Falmer.

Alanen, Lena (2005). Kindheit als generationales Konzept. In: Hengst, Heinz/Zeiher, Helga (Hrsg.) (2005): Kindheit soziologisch. Wiesbaden: VS, S. 65–82.

Alkemeyer, Thomas (2013): Subjektivierung in sozialen Praktiken. Umrisse einer praxeologischen Analytik. In: Alkemeyer, Thomas/Budde, Gunilla/Freist, Dagmar (Hrsg.): Selbst-Bildungen. Soziale und kulturelle Praktiken der Subjektivierung. Bielefeld: transcript, S. 33–68.

Bauer, Angela (2013): „Erzählt doch mal vom Klassenrat!" Selbstorganisation im Spannungsfeld von Schule und Peerkultur. Halle: Universitätsverlag Halle-Wittenberg.

Becker-Mrotzek, Michael/Vogt, Rüdiger (2009): Unterrichtskommunikation. Linguistische Analysemethoden und Forschungsergebnisse (2. Aufl.). Tübingen: Niemeyer.

Berger, Peter L./Luckmann, Thomas (1969): Die gesellschaftliche Konstruktion der Wirklichkeit. Eine Theorie der Wissenssoziologie. Frankfurt/M.: Fischer Taschenbuch Verlag.

Bernfeld, Siegfried (1925/1994). Sisyphos oder die Grenzen der Erziehung (7. Aufl.): Frankfurt/M.: Suhrkamp.

Bettelheim, Bruno (1975/1996): Kinder brauchen Märchen (19. Aufl.). München: Deutscher Taschenbuch Verlag.

Böhme, Jeanette/Kramer, Rolf-Torsten (2001). Partizipation in der Schule. Theoretische Perspektiven und empirische Analysen. Opladen: Leske + Budrich.

Breidenstein, Georg/Kelle, Helga (1998): Geschlechteralltag in der Schulklasse. Ethnographische Studien zur Gleichaltrigenkultur. Weinheim: Juventa.

Breidenstein, Georg/Hirschauer, Stefan/Kalthoff, Herbert/Nieswand, Boris (2013): Ethnografie – Die Praxis der Feldforschung. Konstanz: UTB.

Bühler-Niederberger, Doris (2011): Lebensphase Kindheit. Theoretische Ansätze, Akteure und Handlungsräume. Weinheim: Beltz Juventa.

Büchner, Peter (1983): Vom Befehlen zum Gehorchen zum Verhandeln. Entwicklungstendenzen von Verhaltensstandarts und Umgangsnormen seit 1945. In: Preuss-Lausitz, Ulf/Büchner, Peter/Fischer-Kowalski, Marina/Geulen, Dieter/Karsten, Maria Eleonora/Kulke, Christine/Rabe-Kleberg, Ursula/Rolff, Hans-Günter/Thunemeyer, Bernd/Schütze, Yvonne/Seidl, Peter/Zeiher, Helga/Zimmermann, Peter (Hrsg.): Kriegskinder, Konsumkinder, Krisenkinder. Zur Sozialisationsgeschichte seit dem zweiten Weltkrieg. Weinheim und Basel: Beltz, S. 176–195.

Büchner, Peter/du Bois-Reymond, Manuela/Ecarius, Jutta/Fuhs, Burkhard/Krüger, Heinz-Hermann (1998): Teenie-Welten – Aufwachsen in drei europäischen Regionen. Opladen: Leske + Budrich.

Combe, Arno/Helsper, Werner (1994). Was geschieht im Klassenzimmer? Perspektiven einer hermeneutischen Schul- und Unterrichtsforschung. Zur Konzeptualisierung der Pädagogik als Handlungstheorie. Weinheim: Deutscher Studien Verlag.

De Boer, Heike (2006): Klassenrat als interaktive Praxis. Auseinandersetzung – Kooperation – Imagepflege. Wiesbaden: VS-Verlag.

De Boer, Heike (2009): Morgenkreis. In: Bartnitzky, Horst u. a. (Hrsg.): Kursbuch Grundschule. Frankfurt/M.: Grundschulverband, S. 384–385.

Duncker, Ludwig/Maurer, Friedemann/Schäfer, Gerd E. (Hrsg.) (1993): Kindliche Phantasie und ästhetische Erfahrung. Wirklichkeiten zwischen Ich und Welt. Langenau-Ulm: Armin Vaas Verlag.

Eckermann, Torsten/Heinzel, Friederike (2013): Etablierte und Außenseiter – wie Kinder beim kooperativen Lernen mit Heterogenität umgehen. In: Budde, Jürgen (Hrsg.): Unscharfe Einsätze: (Re-)Produktion von Heterogenität im schulischen Feld (Studien zur Schul- und Bildungsforschung, Bd. 42). Wiesbaden: VS-Verlag, S. 187–210.

Eckermann, Torsten/Heinzel, Friederike (2015): Kinder als Akteure und Adressaten? – Praxistheoretische Überlegungen zur Konstitution von Akteuren und (Schüler-) Subjekten. In: Zeitschrift für Soziologie der Erziehung und Sozialisation (ZSE) 1/2015, S. 23–38.

Edelstein, Wolfgang (2008): Überlegungen zum Klassenrat: Erziehung zu Demokratie und Verantwortung. In: Die Ganztagsschule 48(2–3), S. 93–102.

Ehlich, Konrad/Rehbein, Jochen (1986): Muster und Institution: Untersuchungen zur schulischen Kommunikation. Tübingen: Gunter Narr Verlag.

Fatke, Reinhard (1993): Kinder erfinden Geschichten. Erkundungsfahrten in die Phantasie. In: Duncker, Ludwig/Maurer, Friedemann/Schäfer, Gerd E. (Hrsg.): Kindliche Phantasie und ästhetische Erfahrung. Wirklichkeiten zwischen Ich und Welt. Langenau-Ulm: Armin Vaas Verlag, S. 47–62.

Faust-Siehl, Gabriele (1994): Kindgemäßheit – Leitbild im Wandel. Ein Diskussionsbeitrag zum Verhältnis von Grundschulpädagogik und Entwicklungspsychologie. In: Götz, Margarete (Hrsg.): Leitlinien der Grundschularbeit. Langenau-Ulm: Armin Vaas Verlag, S. 133–154.

Faust-Siehl, Gabriele u. a. (1996): Die Zukunft beginnt in der Grundschule. Reinbek bei Hamburg: Rowohlt Taschenbuch Verlag.

Flader, Dieter/Hurrelmann, Bettina (1984): Erzählen im Klassenzimmer. Eine empirische Studie zum freien Erzählen. In: Ehrlich, Konrad (Hrsg.): Erzählen in der Schule. Tübingen: G. Narr, S. 223–249.

Flick, Uwe (2011): Triangulation. Eine Einführung (2. Aufl.). Wiesbaden: VS-Verlag.

Fölling-Albers, Maria (1994): Kindgemäßheit – neue Überlegungen zu einem alten pädagogischen Anspruch. In: Götz, Margarete (Hrsg.): Leitlinien der Grundschularbeit. Langenau-Ulm: Armin Vaas Verlag. S. 117–132.

Freud, Sigmund (1991): Der Witz und seine Beziehung zum Unbewussten. Berlin: Fischer Taschenbuch.

Friedrichs, Birte (2004): Kinder lösen Konflikte: Eine ethnographische Studie. Baltmannsweiler: Schneider Verlag Hohengehren.

Gage, Nathaniel L./Berliner, David C. (1996): Pädagogische Psychologie. (5. Aufl.) Weinheim: PVU.

Garlichs, Ariane (1991): Alltag im offenen Unterricht. Das Beispiel Lohfelden-Vollmarshausen. Frankfurt/M.: Arbeitskreis Grundschule.

Gebhard, Ulrich (1997): Tiere sind ein „soziales Gleitmittel". Entwicklungshelfer Tier. In: Theorie und Praxis der Sozialpädagogik 8 (3), S. 135–140.

Giddens, Anthony (1984): The constitution of society. Outline of the theory of structuration. Berkeley: University of California Press.

Glaser, Barney G./Strauß, Anselm L. (1968): The discovery of grounded theory. Strategies for qualitative research. London: Weidenfeld and Nicolsen.

Goffman, Erving (1969): Wir alle spielen Theater. Die Selbstdarstellung im Alltag. München: R. Piper & Co.

Goffman, Erving (1971): Interaktionsrituale. Über Verhalten in direkter Kommunikation. Frankfurt/M.: Suhrkamp.

Göhlich, Michael/Wagner-Willi, Monika (2001): Rituelle Übergänge im Schulalltag. In: Wulf, Christoph u. a. (2001): Das Soziale als Ritual. Zur performativen Bildung von Gemeinschaften. Opladen: Leske + Budrich, S. 119–204.

Götz, Margarete (2008): Kindorientierung unter den Bedingungen veränderter Kindheit. In: Hartinger, Andreas/Bauer, Rudolf/Hitzler, Rudolf (Hrsg.): Veränderte Kindheit: Konsequenzen für die Lehrerbildung. Bad Heilbrunn: Klinkhardt, S. 13–22.

Grundmann, Matthias (Hrsg.) (1999): Konstruktivistische Sozialisationsforschung. Lebensweltliche Erfahrungskontexte, individuelle Handlungskompetenzen und die Konstruktion sozialer Strukturen. Frankfurt/M.: Suhrkamp.

Hausendorf, Heiko/Quasthoff, Uta M. (1996): Sprachentwicklung und Interaktion. Eine linguistische Studie zum Erwerb der Diskursfähigkeiten. Opladen: Leske + Budrich.

Heinzel, Friederike (2001): Kinder im Kreis. Kreisgespräche in der Grundschule als Sozialisationssituation und Kindheitsraum. Habilitationsschrift. Halle.

Heinzel, Friederike (2003): Zwischen Kindheit und Schule – Kreisgespräche als Zwischenraum. In: Zeitschrift für Bildungs-, Beratungs- und Sozialforschung, 1, S. 105–122.

Heinzel, Friederike (2004): Kreisgespräche – Versammlungen, die herausfordern. In: Bosse, Dorit (Hrsg.): Unterricht, der Schülerinnen und Schüler herausfordert. Bad Heilbrunn: Klinkhardt, S. 101–121.

Heinzel, Friederike (2005): Kindheit irritiert Schule – Über Passungsversuche in einem Spannungsfeld. In: Breidenstein, Georg/Prengel, Annedore (Hrsg.): Schulforschung und Kindheitsforschung – ein Gegensatz? Wiesbaden: VS-Verlag, S. 37–54.

Heinzel, Friederike (Hrsg.) (2011): Generationenvermittlung in der Grundschule. Ende der Kindgemäßheit? Bad Heilbrunn: Klinkhardt.

Heinzel, Friederike (Hrsg.) (2012): Methoden der Kindheitsforschung. Ein Überblick über Forschungszugänge zur kindlichen Perspektive (2. Aufl.). Weinheim: Juventa.

Helsper, Werner (2004): Autonomien, Widersprüche, Paradoxien: Lehrerarbeit – ein unmögliches Geschäft? Eine strukturtheoretisch-rekonstruktive Perspektive auf das Lehrerhandeln. In: Koch-Priewe, Barbara/Kolbe, Fritz-Ulrich/Wildt, Johannes (Hrsg.): Grundlagenforschung und mikrodidaktische Reformansätze zur Lehrerbildung. Bad Heilbrunn: Klinkhardt, S. 49–98.

Helsper, Werner/Lingkost, Angelika (2001): Schülerpartizipation in der Antinomie von Autonomie und Zwang sowie Organisation und Interaktion. In: Güthoff, Friedhelm/Sünker, Heinz (Hrsg.): Handbuch Kinderrechte. Partizipation, Kinderpolitik, Kinderkultur. Münster: Votum, S. 217–276.

Hieronymus, Ulrike (1996): Der Morgenkreis als Unterrichtstechnik. Praxisbeispiele zur ganzheitlichen Gestaltung des Schulalltags. München: Oldenbourg Wissenschaftsverlag.

Huhn, Norbert/Dittrich, Gisela/Dörfler, Mechthild/Schneider, Kornelia (2012): Videografieren als Beobachtungsmethode in der Sozialforschung – am Beispiel eines Feldforschungsprojektes zum Konfliktverhalten von Kindern. In: Heinzel, Friederike (Hrsg.): Methoden der Kindheitsforschung. Ein Überblick über Forschungszugänge zur kindlichen Perspektive. Weinheim: Beltz, S. 134–153.

James, Allison/Prout, Alan (1990): Constructing and reconstructing childhood. London: Falmer press.

Kaase, Max (2000): Partizipation. In: Holtmann, Everhard: Politik-Lexikon (3. überarb. u. erw. Aufl.). München: Oldenbourg Wissenschaftsverlag, S. 466.

Kaiser, Astrid (2012): 1000 Rituale für die Grundschule (8. Aufl.). Baltmannsweiler: Schneider Verlag.

Kade, Jochen (1997): Vermittelbar/Nicht-Vermittelbar: Vermitteln: Aneignen. Im Prozeß der Systembildung des Pädagogischen. In: Lenzen, Dieter/Luhmann, Niklas (Hrsg.): Bildung und Weiterbildung im Erziehungssystem. Frankfurt/M.: Suhrkamp, S. 30–70.

Kelle, Helga (2005): Kinder und Erwachsene. Die Differenzierung von Generationen als kulturelle Praxis. In: Hengst, Heinz/Zeiher, Helga (Hrsg.): Kindheit soziologisch. Wiesbaden: VS, S. 83–108.

Kelle, Udo/Kluge, Susann (1999): Vom Einzelfall zum Typus. Fallvergleich und Fallkontrastierung in der qualitativen Sozialforschung. Opladen: Leske + Budrich.

Kiper, Hanna (1997): Selbst- und Mitbestimmung in der Schule. Das Beispiel Klassenrat. (Grundlagen der Schulpädagogik, Bd. 20). Baltmannsweiler: Schneider Verlag Hohengehren.

Klein, Regina (2009): Tiefenhermeneutische Analyse. Abgerufen von: www.fallarchiv. uni-kassel.de/wp-content/uploads/2011/06/klein_tiefenhermeneutik.pdf (01.02.2015)

Krappmann, Lothar/Oswald, Hans (1995): Alltag der Schulkinder. Beobachtungen und Analysen von Interaktionen und Sozialbeziehungen. Weinheim: Juventa.

Krappmann, Lothar (1969): Soziologische Dimensionen der Identität. Strukturelle Bedingungen für die Teilnahme an Interaktionsprozessen. Stuttgart: Klett.

Krummheuer, Götz/Naujok, Natascha (1999): Grundlagen und Beispiele Interpretativer Unterrichtsforschung. Opladen: Leske + Budrich.

Lachner, Rolf (1979): Kinder brauchen Tiere. Melsungen: Neumann-Neudamm Verlag.

Lange, Jochen/Wiesemann, Jutta (2012): Ethnografie. In: Heinzel, Friederike (Hrsg.): Methoden der Kindheitsforschung. Ein Überblick über Forschungszugänge zur kindlichen Perspektive (2. Aufl.). Weinheim: Juventa, S. 262–277.

Lorenzer, Alfred (1973): Sprachzerstörung und Rekonstruktion. Vorarbeiten zu einer Metatheorie der Psychoanalyse. Frankfurt/M.: suhrkamp taschenbuch.

Lorenzer, Alfred (1986): Tiefenhermeneutische Kulturanalyse. In: Lorenzer, Alfred (Hrsg.): Kultur-Analyse. Psychoanalytische Studien zur Kultur. Frankfurt/M.: Fischer, S. 11–98.

Mehan, Hugh (1979): Learning lessons. Social organization in the classroom. Cambridge: Harvard University Press.

Mierendorff, Johannah (2010): Kindheit im Wohlfahrtsstaat. Über die Bedeutung des Wohlfahrtsstaates für die Entstehung und Veränderung des Musters moderner Kindheit – eine theoretische Annäherung. Weinheim: Juventa.

Mori, Midori (2010): Die „Dramaturgie" im Klassenzimmer. Das Ritual des Morgentreffens und Montagskreises in der japanischen und deutschen Grundschule. Eine qualitative Untersuchung. Münster: Waxmann.

Naujok, Natascha/Brandt, Birgit/Krummheuer, Götz (2008): Interaktion im Unterricht. In: Helsper, Werner/Böhme, Jeanette (Hrsg.): Handbuch der Schulforschung (2. Aufl.). Opladen: Verlag für Sozialwissenschaft, S. 782–799.

Opitz, Ilse (1935): Schulneulinge in der Kreis-Situation des Jena-Plans. Ein Beitrag zur Pädagogischen Tatsachenforschung. Weimar: H. Böhlhaus Nachf.

Oser, Fritz/Althoff, Wolfgang (1992): Moralische Selbstbestimmung. Stuttgart: Klett Cotta.

Pauli, Christine (2010): Klassengespräche – Engführung des Denkens oder gemeinsame Wissenskonstruktion selbstbestimmt lernender Schülerinnen und Schüler? In: Bohl, Thorsten/Kansteiner-Schänzlin, Katja/Kleinknecht, Marc/Kohler, Britta/ Nold, Anja (Hrsg.): Selbstbestimmung und Classroom Management. Empirische Befunde und Entwicklungsstrategien zum guten Unterricht. Bad Heilbrunn: Klinkhardt, S. 145–161.

Petersen, Peter (1937): Führungslehre des Unterrichts. Langensalza/Berlin/Leipzig.

Petillon, Hanns (1993): Das Sozialleben des Schulanfängers. Die Schule aus der Sicht des Kindes. Weinheim: Psychologie Verl.-Union.

Piper, Hauke (1997): Das Ritual als inszenierte Widersprüchlichkeit. In: Kiper, Hanna: Selbst- und Mitbestimmung in der Schule. Baltmannsweiler: Schneider Verlag Hohengehren, S. 217–242.

Pollard, Andrew (1985): The social world of the primary school. London: Holt, Rinehart and Winston.

Popp, Walter (1993): Humor und Sprachwitz des Kindes. In: Duncker, Ludwig/Maurer, Friedemann/Schäfer, Gerd E. (Hrsg.): Kindliche Phantasie und ästhetische Erfahrung. Wirklichkeiten zwischen Ich und Welt. Langenau-Ulm: Armin Vaas Verlag, S. 95–110.

Prengel, Annedore/Voort, Dörte van der (1996): Vom Anfang bis zum Abschluß: Vielfalt durch „Gute Ordnung" – Zur Arbeit mit Kindern in einer Schule der Demokratie. In: Helsper, Werner/Krüger, Heinz-Hermann/Wenzel, Hartmut (Hrsg.): Schule und Gesellschaft im Umbruch. Theoretische und internationale Perspektiven. Weinheim: Beltz, S. 299–318.

Prengel, Annedore (1993): Pädagogik der Vielfalt. Verschiedenheit und Gleichberechtigung in Interkultureller, Feministischer und Integrativer Pädagogik. Opladen: Leske + Budrich.

Prengel, Annedore (1999): Vielfalt durch gute Ordnung im Anfangsunterricht. Opladen: Leske + Budrich.

Prengel, Annedore (2013): Pädagogische Beziehungen zwischen Anerkennung, Verletzung und Ambivalenz. Opladen: Verlag Barbara Budrich.

Puljevitsch, Zorka (1937): Das Verhalten der Schulneulinge in den pädagogischen Situationen des Gruppenunterrichts und des freien Arbeitens (und der Vergleich mit dem Verhalten in der Kreissituation) im Jena-Plan. Inaugural-Dissertation zur Erlangung der Doktorwürde. Weimar.

Purmann, Ernst (2001): Der Morgenkreis in der Eingangsstufe. Dargestellt am Beispiel der Schule Vollmarshausen. Dissertation. Kassel: university press.

Reh, Sabine (2003): Fall-Arbeit im Seminar: Kreisgespräche und Erzählen. In: Brinkmann, Erika/Kruse, Norbert/Osburg, Claudia (Hrsg.): Kinder schreiben und lesen. Beobachten – Verstehen – Lehren. Freiburg: Fillibach, S. 217–232.

Richert, Peggy (2005): Typische Sprachmuster der Lehrer-Schüler-Interaktion. Empirische Untersuchung zur Feedbackkomponente in der unterrichtlichen Interaktion. Bad Heilbrunn: Klinkhardt.

Ritz-Fröhlich, Gertrud (1992): Kinderfragen im Unterricht. Bad Heilbrunn: Klinkhardt.

Röbe, Edeltraut/Walcher, Sabina (1992): „Den Morgenkreis fand ich am besten ..." In: Priewe, Hiltrud/Röbe, Edeltraut (Hrsg.): Blickpunkt Grundschule. Bilder einer zukunftsoffenen Schullandschaft. Donauwörth: Auer, S. 40–47.

Roeder, Irmgard (1967): Führungsfragen in der pädagogischen Situation des Kreises. Paderborn: Schöningh.

Röhner, Charlotte (1997): Kindertexte im reformorientierten Anfangsunterricht. Zur personalen und sozialen Bedeutung des Schreibens in der Grundschule. Baltmannsweiler: Schneider Verlag Hohengehren.

Röhner, Charlotte (1998): Der Morgenkreis und sein Protokoll. In: Röhner, Charlotte/ Skischus, Gabi/Thies, Wiltrud (Hrsg.): Was versuchen Versuchsschulen? Baltmannsweiler: Schneider Verlag Hohengehren, S. 42–51.

Schubert, Nele/Friedrichs, Birte (2012): Das Klassenlehrer-Buch für die Grundschule. Weinheim: Belz.

Schwarz, Hermann (1994): Lebens- und Lernort Grundschule. Prinzipien und Formen der Grundschularbeit. Praxisbeispiele, Weiterentwicklungen. Frankfurt/M.: Cornelsen.

Thies, Wiltrud/Röhner, Charlotte (2000): Erziehungsziel Geschlechterdemokratie. Interaktionsstudie über Reformansätze im Unterricht. Weinheim: Juventa.

Thorne, Barrie (1993): Gender Play. Girls and Boys in School. New Brunswick: Rutgers University Press.

Traub, Angelika. (2005): Ein Freund, ein guter Freund ... Die Gleichaltrigenbeziehungen der 8–9-jährigen. In: Alt, Christian (Hrsg.): Kinderleben. Aufwachsen zwischen Familie, Freunden und Institutionen (Bd. 2). Wiesbaden: VS Verlag, S. 23–62.

Traub, Angelika (2006): Wann ist ein Freund ein Freund? Freundschaftsbeziehungen von Grundschulkindern mit und ohne Migrationshintergrund. In: Alt, Christian (Hrsg.): Kinderleben. Integration durch Sprache? (Bd. 4). Wiesbaden: VS Verlag, S. 291–324.

Valtin, Renate (1991): Mit den Augen der Kinder. Freundschaften, Geheimnisse, Lügen, Streit und Strafe. Reinbek bei Hamburg: Rowohlt Taschenbuch Verlag.

Wallrabenstein, Wulf (1991): Offene Schule – Offener Unterricht. Ratgeber für Eltern und Lehrer. Reinbek bei Hamburg: Rowohlt Taschenbuch Verlag.

Wenzl, Thomas (2010): Sich-Melden – Zur inhärenten Spannung zwischen individuellem Schülerinteresse und klassenöffentlichem Unterrichtsgespräch. In: sozialer sinn, 1 (11), S. 33–52.

Wenzl, Thomas (2014): Elementarstrukturen unterrichtlicher Interaktion. Zum Vermittlungszusammenhang von Sozialisation und Bildung im schulischen Unterricht. Wiesbaden: Springer VS.

Winnicott, Donald W. (1969): Übergangsobjekte und Übergangsphänomene. Eine Studie über den ersten, nicht zum Selbst gehörenden Besitz. In: Psyche, 23, S. 666–682.

Winnicott, Donald W. (1995): Vom Spiel zur Kreativität (8. Aufl., zuerst London 1971). Stuttgart: Klett Cotta.

Wulf, Christoph u. a. (2001): Das Soziale als Ritual. Zur performativen Bildung von Gemeinschaften. Opladen: Leske + Budrich.

Wulf , Christoph (2005): Zur Genese des Sozialen. Mimesis. Performativität. Ritual. Bielefeld: Transcript.

–